이것저것
내 맘대로 쓴 글

강태욱 지음

평화누리협동조합

책을 써내면서

내가 글 쓰는 재주가 있는 것도 아니고 여느 글쓰기 교실에서나 동호회에서 따로 배운 바도 없다, 하지만 학생 시절부터 책 읽기를 즐기는 평소의 습관이 지금까지 지속되는 것에 고무되어 칠순을 넘겨 이제는 먹고사니즘에서 한발 비켜서게 되니 나름 시간과 마음의 여유가 생겨 글쓰기에 도전해 보게 되었다.

내가 등단한 작가도 아니요 또 그렇게 되고자 하는 생각도 없는 게 솔직한 심정이다. 어쩌면 가벼운 마음으로 부담감 없이 책으로 만들어서 주위 지인, 몸 담고 있는 몇몇 사회 모임의 회원, 친구들이 가볍게 읽어 보아주었으면 하는 작은 바람에서 한 권의 책으로 펴냈을 뿐이다. 한 해 동안 써서 모아두었던 글을 모아 출간하는 책 제목을 생각해 보다가 무게 잡고 고상한 제목으로 독자에게 다가가기가 계면쩍기도 하여 말 그대로 '이것저것 내 맘대로 쓴 글'이라는 하찮은 제목을 붙이게 되었다.

　현대 과학 문명사회에서 특히 디지털이 발달 된 지금 시대에 동영상을 통해서도 지식과 정보를 얻는 시대이다 보니 책을 읽는 독자도 과거에 비해 많이 줄었다. 7080년대처럼 문학가가 되어보겠다는 지망자도 확연히 줄어든 시대에 살고 있다. 인터넷, 스마트폰에 더하여 인공지능 출현으로 수초 안에 찾아낼 수 있는 정보나 읽고 싶은 단편적 글도 넘쳐나니 다들 시간에 구애됨 없이 쉽게 접근할 수 있게 되었다. 그렇더라도 아날로그형 초로의 손끝으로 적어 놓은 글일망정 주위 분이나 독자분들이 내 글을 읽어보아 준다면 더 없이 감사하고 감사할 따름이다.

　수년 전 미국 저명 시사 문예지인 뉴요커지 기사에 '한국인들은 책을 안 읽으면서 노벨 문학상을 원한다'라고 썼다. 하지만 이를 보기 좋게 깨뜨리고 2024년도 노벨 문학상을 대한민국 작가이자 또 여성인 한강 작가가 최초로 수상하여 나름 책을 가까이하는 나로서는 더없이 반가운 소식이었다. 이제는 인공지능이 글 쓰는 일을 사람 대신하게 될 시대가 도래하였다고 한다. 하지만 소설, 수필, 시 등 각 작가의 깊은 내면에 있는 생각과 천차만별인 경험을 바탕으로 한 문학에까지 과연 인공지능이 그 능력을 제대로 발휘해 낼 수 있을까 하는 의구심이 든다.

 이번 같은 한국 문화사에 길이 남을 커다란 경사를 소중하게 여기고 기성 작가는 물론 새로운 작가들이 등단하여 글로서 국내에서 또 해외까지 한국문학을 널리 알리는 일에 기여해주었으면 한다. 독자 여러분도 이를 뒷받침해 주는 작은 역할이 요구되는 시대, 그간 힘 없이 고개 숙이고 있던 한국문학과 출판계를 위해 한 걸음씩이나마 함께 걸어가 주길 바라는 마음이다.

2025년 새봄에 들어서며
강태욱

차례

책을 써내면서 …………………………………… 3

칠순에 경비직으로 근무하고선 1 ………………… 9
칠순에 경비직으로 근무하고선 2 ………………… 13
'공정하다는 착각'을 읽고서 ……………………… 19
2023 카타르 아시안 컵 대회를 보면서 …………… 30
한 유권자로서 4.10 총선을 치루며 ……………… 35
세계 책의 날 ……………………………………… 42
아버지 기일에 고향을 다녀와서 ………………… 48
강원도 정선과 영월에 갔다 오다 ………………… 53
인천에서 디아스포라 영화제 열리다 …………… 60
5월 끝 날 지구를 생각하며 ……………………… 71
민주화 성지 광주를 다시금 방문하다 …………… 80
반민특위 강제해산 75년 기억 행사에 참석 ……… 89
문재인 대통령 회고록 …………………………… 97
'변방에서 중심으로'를 읽고 ……………………… 97
7.4 남북 공동성명 ………………………………… 108

파리 올림픽 ·· 116
8.15 광복절 80주년을 맞이하여 ················· 125
지구 종말? 아니다. 인류의 종말일뿐 ········· 146
사후세계는 정말 있을까? ····························· 161
한동수 저 '검찰의 심장부에서'를 읽고 ······· 184
한글박물관, 세종대왕기념관, ······················ 212
세계문자박물관 탐방하다 ···························· 212
여순항쟁사건 ··· 229
12.3 비상계엄과 탄핵 가결 ························ 242
24년도를 마감하는 날에 ····························· 256

칠순에 경비직으로 근무하고선 1

    24년 1월, 그동안의 경비직 1년 반 근무를 뒤로하고 집에 있게 되었다.
    1년 반 전 8월부터 부천에 있는 모 오피스텔에서 칠순에 이른 내 인생 처음으로 경비직에 근무하게 되었다, 4년 전, 지역의 후배들과 뜻을 모아 협동조합을 세워서 운영을 시작하였으나 조합의 주요 업무 대상이 주로 해외와 연계되어 있었다.
    중국에서 처음 발생한 코로나가 사스처럼 일시적인 전염병일 줄 알았지만, 2년을 넘기면서 조합 활동 중지로 운영에 필요한 재정이 소진되었다. 설립을 주도한 나로서는 조합원들에게 면목이 없었고, 해서 내가 경제 활동을 통해서 운영자금을 마련해 가져오는 방안을 생각하다가 하루 근무하고 하루는 쉬며 조합 일도 볼 수 있는 경비직을 구하기로 했다.

    22년 7월 중순, 경비직 필수 요건인 사전교육 3일간 (1일 8시간) 수료하고 수료증을 받은 후 열흘도 안 되어 직업소개소를 방문하니 자리가 하나 있었다. 이력서와 교육 수료증 가져오면 추천해 주겠다고 하여 그날 오후 서류를 제출하고 며칠 기다리니 면접을 볼 오피스텔 장소와 날짜를 통보받았다. 며칠 후 오피스텔 관리소장을 만나 면접을 본 후 일주일 후인 8월 1일부터 첫 근무가 시작되었다.

7월 중순 경비직 취업 사전교육을 받으면서 알게 된 것은 2020년 기준 국내 경비 관련 업체 5,360개 중 84%가 나 같은 일반 경비원을 고용하는 시설 경비 업체이고 16%는 경호, 방호 등 특수 경비 업체이었다. 경비원 현황을 보면 2019년도 157,774명, 20년도 164,014명, 21년도 186,609명이고 수도권에 65%가 근무하고 있었다. 연령대별로는 60대 26%, 70대 22%였다.

경비교육 강사 중 한 분이 강연 중에 자신의 사촌 형부가 나이 60세에 대형 통신사 부장에서 정년퇴직하고 집에서 2년 넘게 지내고 있었는데 부인되는 언니가 이를 안쓰럽게 여겼다고 했다. 강사는 형부에게 경비직을 권유했더니 느닷없이 "내가 대기업 부장으로 부하직원 수백 명 거느렸던 사람인데 어찌 경비직을 할 수 있겠느냐?" 하며 얼굴을 붉혔다고 했다. 그러나 1년 후, 그 형부는 목동 모 아파트에서 경비직을 3년째 근무하면서 여유 있는 60대를 보내고 있으니 여기 수강생 여러분도 경비직을 아래로 내려보지 말고 당당하게 우리 사회에 필요한 직업이라 여기고 근무해 달라고 했다. 내가 근무했던 오피스텔 부근 한 상가 건물엔 팔순에 이르신 분이 4년째 한 건물에서 경비직으로 일하면서 건물 관리소와 상가

입주민들로부터 좋은 평을 듣고 있었다.

2년 전 8월 1일 오전 7시, 오피스텔 첫 출근 날은 정말 생소했고, 관리사무실로부터는 물론 상가를 포함한 약 150가구의 입주민들로부터 뒷소리 듣지 않고 무난하게 일을 해낼 수 있을까 하는 긴장되는 하루였다. 경비실에는 2명이 각 24시간 교대 근무하고, 지하 3층 기계실에도 2명이 각 하루씩 근무하며, 건물 전체 청소 담당 여성 3명이 주간 5일 근무하고 일요일 공휴일은 휴무하는 조건이었다. 경비실은 지하 3층까지 있는 주차장 입구에 소형 컨테이너로 되어 있었고, 심야 시간대부터 새벽녘까지 한 사람 누워서 잘 수 있는 온열 장판이 깔려있었다. 경비원의 주요 업무는 1, 2층 상가와 3층부터 15층까지 입주민 가구에서 나오는 분리 수거물을 최종 정리하여 큰 마대에 담아 수합하는 일, 택배물을 임시 보관하는 일, 주차장 입출 차량을 관리하는 일이었다. 또 평일 오전 오후 제외한 야간, 토요일, 일요일과 공휴일에는 관리실로 문의가 오는 각종 전화를 받아 대응하는 일이었다.

나와 교대근무 조인 김 반장은(아파트와 건물 경비원 호칭이 왜 반장인지 이유는 모르겠다.) 나와 동년배였고, 공항 경비, 건물과 아파트 경비 경력을 20년 동안 쌓아왔으며 이 오피스텔에서는 나보다 1년 정도 먼서 근무해 오고 있었다. 나와 같은 날 근무하는 지하 3층 기계실 기사는 나보다 세 살 위였고 이곳에서 근무한 지 2

년이 다 되어 갔다. 긴 직장 생활 후 친구들과 어울려 몇 년간 사업도 해보았으나 별재미를 못 보고 경비직에 근무하기 시작하여 5년째라고 했다.

　지하 주차장 입구 컨테이너 경비실 내에 경비 교대 조인 김 반장은 전면 우측 벽면과 후면 벽면에 검정 또는 붉은 매직으로 적어 놓은 글귀에 아연실색하였다. 큼직한 글자로 '정직하자', '코로나 위생 철저', '실내 청소 철저', '양심적 근무' 등과 건물 내 각 연락처인 전화번호, 열쇠 번호 등 수십 개를 적어 놓았다. 지하 김 기사는 자주 경비실에 올라와 여러 차례 내게 경비실 내 벽면에 매직으로 쓴 글자와 숫자들을 보고 "이게 뭐냐? 도대체 이해가 안 된다. 관리실에서 이 부분 이야기라도 해야지." 하며 혀를 끌끌 찼다. 나 역시 이해가 되질 않았지만 신참으로서 듣기만 하고 있을 수밖에 없었다. 그저 속으로 김 반장이 정신적으로 무언가 문제가 있는 사람으로 여길 뿐이었다. 벽 3면에 매직으로 적은 것들을 휴대폰으로 촬영해 다년간 경비직에 있는 친한 동창에게 보냈더니, 동창은 사진을 받아 보고선 금세 전화를 걸어왔다. 자신이 경비직 근 10년 경력이고 몇 군데서 근무해 보았지만 이런 건 처음 본다며, 이렇게 할 정도면 사이코패스일 거라고 했다. 그리고 나더러 이런 사람 상대할 때 조심하라고 했다. 경비직에서 비정상적일 정도로 인간 ㅇㅇ들을 더러 보아 오고 또 부딪히기도 해서 지혜롭게 근무하라고 내게 거듭 조언을 해 주었다.

칠순에 경비직으로 근무하고선 2

　경비직 근무를 시작한 지 한 달도 채 되지 않아 우려하던 김 반장과 갈등이 터졌다. 그날은 관리소장이 퇴근 시 자신의 근무복 상의와 입주민운영위원회의 서류를 경비실에 맡겨 놓으며 내일 출근시 찾아 가겠다하여 인수 후 내 서랍에 보관하는 걸 소장이 보도록 했다. 이를 이튿날 아침 교대 시 김 반장에게 인계하였다. 하루 쉰 후 아침 출근하니 김 반장이 어제 관리소장이 맡겨 놓은 것을 경비실로 찾으러 오지 않았다고 하였다. 해서 경비실에 들어와 내 서랍을 여니 소장 근무복만 보이질 않아 퇴근한 김 씨에게 바로 이 건을 문자로 보냈다. 회신이 오길 '소장이 알아서 찾아간 거 같다.'고 했다. 문제는 다음 날 아침 교대 시간이었다. 김 반장이 아침에 경비실 창문을 열자마자 얼굴이 울그락불그락 해서는 교대 시에는 인수인계 정확하게 하자며 앞으로 서로 글로 적어서 사인까지 해 두자고 했다. 이런 걸 가지고 소리높여 상대를 몰아칠 만한 일인가? 생각하다가 현장에서 바로 대응을 못 하고 선 여하튼 교대가 이루어졌다. 나중 알게 된 게 소장이 경비실에 와 내 서랍에서 서류는 두고 근무복만 가지고 간 것이었다. 경비 생활 20년 경력이라면서 이런 사소한 사안을 두고 상대에게 배려와 양보라곤 전혀 찾아볼 수가 없었다.

　내가 맞대응하고 다투기 싫어 피해서 그러한지 아니면 '어라, 이 것 봐라.' 하면서 사람을 만만하게 보아서인지 이후로 지하 1층 분리수거장이고 건물이 끼고 있는 보도 청소고 중간 중간 안 하고선 교대 조인 내게 넘기고 가는 경우를 수 차례 당했다. 이를 지하 기계실 김 기사에게 얘기했더니 그 사람 성격을 내가 아니 강 반장이 참고 넘어가고 좀 더 손발 움직여 주는 게 상책이라고 했다. 또 그 후에도 수 차례 여러 조언을 해주었다.

　여러 우여곡절을 넘기며 연말이 되니 나와 같은 날에 늘 근무하던 지하 기계실 김 기사가 관리소장과 의논이 되었는지 나가게 되고, 새로운 정 기사가 새해 첫날 부임하였, 정 기사는 나보다 세 살 아래로 과거 부인과 함께 큰 식당을 운영해 보고, 또 금은방도 운영하여 한때 벌이도 좋았다고 했다. 그러나 부인의 건강이 안 좋아져 자영업을 접고 자신은 전기 시설 관련 일을 주로 수도권에서 했으며 지방에까지 내려가 장·단기 체류하며 근 10년을 일해 오다기 이도 그만두고 건물 시설관리 일을 시작한 지 5년이 넘는다고 했다.

　새해가 몇 달 지나지 않아 지하 3층에서 정 기사와의 교대하는 최고참인 박 기사와 사소한 부딪힘 얘기를 신임 정 기사 통해 들어왔다. 올 초여름 아침 출근 시 경비실 옆에서 정과 박 두 기사가 서로가 육두문자를 날리며 주먹까지 쥐고 흔드는 광경을 보게 되었다. 중간에서 우선 무마를 시키고 관리실까지 말이 안 들어가도록 단속을 했다. 그러나 서로 간의 감정을 가지고 있다 보니 추석 연휴 무렵 아침 교대 시간에 지하 기계실에서 박 기사가 정 기사 멱살을 잡고 손으로 얼굴을 미는 다툼이 있었다. 정 기사는 경찰에 신고하고 박 기사는 경찰에서 소환하여 조서를 받는 지경에 이르게 되었다. 이를 관리소장까지 알게 되었다. 양자 중간에서 경비실 김 반장의 중재로 박 기사 측에서 사과를 표명해 와 일방적으로 당하고 경찰에 신고했던 정 기사가 이를 수용하고 경찰서까지 넘어갔던 사안은 종료가 되었다. 그러나 이일로부터 정과 박 두 기사 간의 완전한 대화 단절이 시작되었다.

내 경우는 정과 박 두 기사 간 충돌이 있기 두어 달 전 한창 더운 여름날이었다. 김 반장의 그간의 몇 차례 도발로 나 역시 그와 대화 단절이 시작되어 아침 교대 시간 업무적 사안은 말 대신 메모지에 몇 줄 적어 전했다. 교대 시간 즈음에 김 반장이 경비실 씨씨티비 모니터를 통해 10미터 정도 전에 나타나면 나는 무조건 퇴근으로 경비실을 나오는 상태였다. 내 근무 당일 아침에 김 반장이 경비실에 들어가는 나를 불러 세웠다. 경비실 옆에 있는 입주민이 배출해 놓은 재활용품 담은 마대 중에서 하나를 집어 들며 내 근무 시 수합해서 쌓아놓은 것 중에서 이를 수거해 가는 시청 미화원이 자기에게 이 수거물을 꺼내 집어 던지고 '이런 종류는 마대에 넣지 말라.'며 안 좋은 말을 자신에게 하고 갔었다고 고성을 버럭 질러

대며 화를 내었다. 이 역시 자초지종을 모르니 제대로 대응도 못하고 일방적으로 당하는 사이 김 반장은 내게 "똑바로 합시다."라고 큰소리를 치고선 퇴근하였다. 어이가 없어 시청 미화원이 수거하지 않고 버려두고 간 수거물을 살펴보니 아무리 보아도 내 작업 시 있었던 물건이 아니었다. 분을 삭이고 이튿날 아침 교대 시간 김 반장에게 내가 분리한 수거물이 아니라고 전후를 얘기하니 버럭 화를 내고 소리치길 "거짓말 하지 마쇼. 정직합시다."하며 끝에 쌍시옷을 뱉으며 경비실로 들어가길래, 밖에서 "누군 욕할 줄 몰라 못해, 입주민들 다 나오도록 나도 큰소리 내어볼까?" 하며 냅다 고함을 지르고 서 있다가 퇴근했다.

이 일 이후로 경비직에 회의를 느끼고 또 스트레스까지 쌓이기 시작, 음식을 먹어도 소화가 안 되고 속도 안 좋고 대변도 순조롭게 나오지 않다가 혈변을 누는 몸 상태까지 이르고 하루 서너 변 변을 보게 되었다. 더하여 몸무게가 7킬로 넘게 빠지다 보니 날 보는 사람마다 왜 그렇게 말랐느냐고 하니 일일이 대응하기도 민망스러웠다, 동네 병원에 갔더니 '과민성대장증후군'인 것 같다고 했다. 빵, 라면류, 기름진 육류와 자극성 음식 피하라고 하며 처방을 해주었다. 처방전 보고 약제를 해 주던 약사는 이 증상은 현대병으로 장기간 치료와 식이요법이 필요하며 심하면 1년 정도 정성을 들여야 정상으로 돌아온다고 했다. 그러기를 반년을 훌쩍 넘기면서 이제는 집에서 쉬면서 양방에 한방 약제 치료로 몸을 추스려 오다 보니 꽃 피는 봄인 요즘 나름 호전되었다.

　근무하는 오피스텔 건물이 ㄷ자 형으로 간선 도로와 모두 접하다 보니 가을 낙엽이 보도에 쌓인 것을 하루 세 차례 거두어 마대에 담기, 겨울에 눈이 오면 중간중간 눈 쓸고 염화칼륨 뿌리기가 임무였다. 건물 앞면만 도로에 접한 부근의 다른 건물 경비직 보다 일이 많은 편이었다.

　12월 초순 관리소장이 나하고 지하 정 기사 그리고 미화원 3명을 관리실 오라고 하더니 본사 인력 운영 시스템이 바뀌게 되었다며 우선 12월 말일 자로 계약만료이니 사직서를 제출해 달라고 하여 서명해 주었다. 관리실에서 내려오며 나와 정 기사가 말하길 "김 반장과 박 기사 근무조도 사직서 썼을까요?" 하며 갑작스런 상황에 둘 다 의아해했다.
　12월 하순, 나와 정 기사의 사직서는 접수되고 다년간 근무한 미화원 3명 중 2명도 함께 나오게 되었다. 한데 김 반장과 박 기사는 남아서 계속 근무한다는 소식에 신참 둘이 각각 고참에게서 그간 일방적으로 당하고선 집으로 가야 한다니 하며 혀를 찼다. 이런 결론을 정 기사는 못내 짜증스러워하며 답답해했다. 내 입장은 몸도 안 좋고 사람과 부딪치고 신경 써가면서 굳이 이 직에 연연해할 필요가 있느냐 하면서 미련 없이 떠나 나왔다.

오피스텔 떠나면서 관리실 경리사무 담당 이 주임에게 그간 1년 이 앓던 이 빠지는 기분이다. 좋은 경험? 하고 떠나니 그간 나 같은 신참 경비원 건사하느라 수고 많았다며 자그마한 선물을 주고 관리실을 나왔다. 이 주임으로부터 오해하지 말고 늘 건강하라는 문자를 집에서 받았다.

내가 수년 전 대표직에 있었던 지역 사회단체의 후임 대표이자 친한 후배는 변호사이다. 그가 나의 경비 시절 겪었던 몇몇 일화를 단체 모임 시 간략히 듣고선, 자신이 노동변호사 역할을 여러 해 동안 해오고 있는데 가장 많이 자문과 의뢰를 받았던 사례가 경비직 관련한 것이었다고 했다. 경비와 해당 용역 회사, 입주민과 아니면 같은 경비직 간의 갈등과 법적인 다툼이었다고 했다. 또 덧붙이기를 사회생활 다했다 싶고 인생 고락을 다 겪었을 나이인 60대 70대 들어서서도 여전히 인적인 갈등, 다툼이 남아 있을까 싶은 것에 새삼 느끼는 바가 있다고 말했다.

경비직 1년 반 동안 매월 받은 최저임금에도 좀 모자라는 수입 중 근 7할은 협동조합 운영유지비로 충당하여 그나마 지금까지 어려운 가운데 유지해 올 수 있어 몸과 마음은 힘들었더라도 이 점 늘 다행으로 여기며 감사하는 마음을 가지고 있다.

'공정하다는 착각'을 읽고서

　설 연휴 며칠간 달리 할 일도 없고 해서 집에서 국내서 번역 출간된 지 몇 년 지났지만 뒤늦게 마이클 센델 교수의 '공정하다는 착각'을 읽었다. 센델 교수는 1953년생으로 미국 텍사스주 유대인 가정에서 태어났으며, 예일 대학에서 학부 과정을 마친 후 옥스퍼드 대학에서는 장학금을 받아 철학을 공부했다. 이후 하버드 대학으로 돌아와서 박사 학위를 받고 27세에 최연소 교수로 취임하였다.
　센델 교수 저서 '정의란 무엇인가?'는 십수 년 전 국내에서 번역 출간 200만 부 넘게 팔렸으며 세계 37개국에서 출판된 베스트 셀러이다. 센델 교수는 이 책을 계기로 그간 한국에 세 차례 방문하였다. 나 역시 이 책을 출간 당시 구입해 읽었는데 내 문해력 수준이 그저 그래서 이였는지 이해가 성큼 다가오질 않았다. 그 후 마침 EBS에서 시리즈 영상으로 심야에 매주 1회 '정의'라는 주제로 하버드 대학 극장에서 센델 교수가 학생들에게 강의하는 영상을 한 두 차례 정도 빼곤 모두 시청하니 그 제사 책의 내용을 이해하는 데 도움이 되었다. 책이 출간 당시 노무현 정권에서 이명박 정권으로 교체되고서 몇 년 지나면서부터 우리 사회의 흐름이 다르고 시민들이 생각도 정치가 왜 이렇지? 하는 의문을 가져서 책이

전국을 휩쓸지 않았는가 하는 생각이 든다.

'공정하다는 착각'의 한글 번역본 본문은 354페이지인데 책 후편의 색인 목록이 56페이지에 이른다. 한 권의 책을 저술하기 위해 얼마나 많은 관련 서적들을 참조하고 또 인용하였는지 가늠이 가지 않을 정도로 준비가 철저히 된 책이다.

책의 원제목은 'The Tyranny of Merit' 제대로 번역하면 '능력의 폭정'. 한 문장으로 책의 주제를 표현하자면 '능력주의는 폭정이다'가 걸 맞는 한글 번역본 제목이다.

능력에 있어서, '우리는 우리 운명의 주인이며 뭐든 우리가 얻은 것을 가질 자격이 있다.'는 생각의 라이벌은 '우리 운명은 우리가 전부 통제할 수 없고 우리의 성공과 실패는 다른 누군가에게, 가령 신이거나, 운명의 장난이거나, 순간의 선택에 따른 예상 밖의 결과 등에 좌우 된다.'는 생각이다. 샌델 교수는 능력주의가 미국 사회를 때려 부순 폭군이라 했다. 한국에선 경쟁과 능력주의는 당연한 거라고 생각하는 사회이다. 트럼프가 대선에서 패하자, 그의 지지자들이 의사당에 들어가서 다 때려 부순 것을 바탕으로 하여 분석했다. 샌델 교수가 어떻게 이런 일이 벌어질 수 있는가? 또 그 원인은 어디에 있는가?를 분석한 책이며 능력주의가 미국을 때려 부수었다고 한다. 샌델 교수는 미국 엘리트들의 상태가 오만 정도를 넘어서 히틀러를 표현할 때 쓰는 병적이고 광적인 오만으로 보았다.

미국 사회를 능력주의가 정신병적 수준의 오만한 엘리트들과 굴욕감이 내재 되어 있는 대중들로 완전히 분리시켜 놓았다고 했다.

한국에서도 마찬가지이다. 능력주의라는 이데올로기로 무장된 오만한 엘리트들의 언행에 대다수 대중은 그러한 자들을 보면서 굴욕감을 느낀다. 한국에서 지금 우리가 매일 느끼는 것 역시 굴욕감이라 말하고 싶다. 어떻게 저러한 사람들을 한국 사회의 지도적 아니 지배적인 엘리트라고 부를 수 있을까? 여의도 정치판, 검찰과 법원 내 법조인들, 의사들, 정부종합청사 내 고위직들. 국내 스카이대에 미국 등 서구 명문대 출신 석박사들, 대기업 창업주의 2세 3세, 4세들.

책에서는 트럼프 현상은 능력주의 사회에서 특히 저학력 백인 노동자들이 느끼는 굴욕감과 증오로 사회가 둘로 쪼개어져 버렸다. 전통적으로 미국에서 노동자들이 공화당보다 민주당에 표를 준다. 그런데 트럼프 현상에서 특이하게도 노동자의 70%가 트럼프를 찍었다. 한국에서도 시장에서 좌판 펴놓고 장사하시는 유권자들이 내가 알기로는 다수가 보수 정당을 찍는다. 그것도 '묻지마' 투표로.
  이건 계급적으로 설명이 불가능하다. 왜 힐러리를 안 찍고 트럼프를 찍었을까? 그건 노동자들이 느끼는 굴욕감과 분노였다. 엘리트의 상징이 힐러리 클린턴이었다. 민주당의 오바마 역시 능력주의 화신이었다. 그는 미국 전역을 다니는 곳마다 "You can make it, if you try." (노력하면 다 할 수 있다.)를 외쳤다. 나를 보라! 나는 흑인이지만 미국을 기회의 땅. 노력하니 대통령까지 된 표본이다. 내 처 미셸은 나보다 더해서 그녀는 최저층 가난한 흑인 노동자의 딸. 그런데 자신이 노력해서 스탠포드 나오고 하버드 나와서 변호사 되고 퍼스트 레이디까지 된 것을 보라고 했다. 오바마는 자동차 산업의 메카인 디트로이트에 가서 연설하길 미국이 신자유적으로 방향을 틀면서 특히 노동집약적 산업 분야인 자동차, 금속, 철강, 조선 같은 산업이 인건비가 싼 외국으로 다 넘어갔다. 디트로이트는 거의 실업자들의 도시로 변모. 이렇게 된 것은 노동자들이 노력을 안 해서 지금 같은 상태에 놓인 것인데 왜 불만이 많은가? 노력해서 당신들도 하버드, 스탠포드 나오고 최고의 직장에 전문직으로 종사하면 될 것 아닌가하는 생각이 잠재되어 사회 현상, 가정 현상을 개인의 노력 문제로 돌리는 것이 능력주의 핵심이다. 디트로이트 노동자들에는 이러한 연설이 말이 아닌 칼로 가슴을 후벼 파는 것이다. 이러한 노동자의 분노가 트럼프 통해 폭발. 능력주의 경쟁 교육이 오만한 엘리트와 굴욕감에 찬 대중들로 미국 사회를 완전히 갈라놓았다고 센델 교수는 설파한다. 즉, 백인 중산층 몰락은 단순히 '돈'의 문제를 넘어 그들이 지켜왔던 '긍지와 자존심'이 무너진 것으로서, 사회심리적으로 깊은 상처로 남아 있는 것이다,

트럼프는 2020년 대선 시 '나는 가방끈 짧은 사람을 좋아한다.'고 그들의 심정 이해한다며 파고들었으며 그들을 잘 살게는 못 해주어도 트럼프가 오히려 노동자의 분노와 모멸감을 생생하게 표현해 주어서이다.

미국은 이제 절망의 사회가 되었다. 너무나 많은 사람들이 매년 절망사로 죽어간다. 미국은 지금처럼 불평등이 심한 그러한 시대는 없었다. 이 정도 불평등이면 역사를 되돌아보면 혁명이 일어나거나 거대한 저항운동이 일어나거나 또 이러한 현상에 격렬한 비판이 벌어지거나 하는데 그것이 없다는 점이다. 그러면 왜 혁명이 일어나지 않는가. 그건 능력주의 때문이라 한다. 미국인들은 자신에게 놓여 있는 모든 불행의 원인을 잘못된 사회제도, 약탈적 천민자본주의에서 찾지 않고 자신들 안에서 찾기 때문이다. 즉 내가 능력이 없고 명문대 가도록 공부를 안 해서 등 모든 원인을 자신에서 찾도록 하는 게 능력주의이다. 사회를 향해 혁명을 도모는 안 하고 불행의 근원인 자기 자신을 죽인다. 2018년 한해 미국은 자살, 마약, 알코올로 15만 8천 명이 절망사했다. 그런데 이 현상은 미국보다 한국이 더 심하다. 언론을 통한 각종 지표나 통계를 보면 한국은 현재 20년째 자살률 세계 1위인 나라다. 한국인들도 완전히 능력주의를 체화하고 있어서 자신의 모든 불행의 원인을 자신한테서 찾고 있다. 내가(당신이) 능력이 없어서 그런 건데 왜 남 탓을 하는가 하는 생각이 우리네 사람들에게 배어있다.

능력주의가 노동의 존엄을 부수었다. 이전에는 사회 유지를 위해서 꼭 필요한 노동이 돌봄 노동, 청소 노동, 배달, 건설 노동 등 한 사회가 유지되기 위한 필수의 사회적 노동이었다. 이게 없으면 공동체 유지가 되지 않는다. 사회적 노동이 임금이 높지 않더라도 그러한 것을 인정 평가하고 최소한의 존중을 했다. 그러나 능력주의가 행세하고부터는 경멸과 멸시의 대상인 노동으로 전락했다. 능력이 없으니 저 같은 일을 하지 하면서. 센델 교수는 능력주의가 노동의 존엄을 파괴했다고 한다.

그러면 한국은 어떤가? 두말하면 잔소리라는 말이 떠오른다. 미국 사회에서 능력이라고 하는 것의 실질적인 의미는 한국에서도 똑같다. 어느 대학을 나왔냐이다. 미국에서 능력하면 아이비리그, 한국에선 스카이 대학으로 귀결된다.

그나마 코로나 시기에 미국은 평소 사회에서 백안시했던 배달원, 마트 직원, 트럭 기사들 즉 대학 졸업장 없는 필수 노동자들에게 의지하게 되다 보니 이는 코로나가 쏘아 올린 작은 공으로서 불평등한 사회 구조에 대한 자각도 하게 되었다.

그렇다면 미국 명문대는 누가 들어가나? 똑똑한 아이들? 아니면 아버지가 부자인 아이? 책에서 아이비리그 입학한 학생들 집안을 분석해 보니 경제적으로 상위 1% 속한 집 자식과 하위 50% 집안 자식 중 누가 더 많이 입학하였나를 보니, 상위 1% 집 아이들이 더 많이 입학하였으며. 경제적 상위 1% 집 자식과 하위 20% 이하 집 자식이 아이비리그에 들어갈 가능성은 몇 배의 차이가 나는가 보니 무려 77배의 차이가 난다고 한다.

우리가 말하는 능력이라는 자체가 능력이 아니다 라고 이 책은 말한다. 철저하게 아버지 통장에 찍힌 잔고의 동그라미 수에 비례한다고 한다. 결론은 미국 사회는 완전 학력 계급 사회이다. 미국 사회는 학력이라는 게 기득권을 유지 시켜주고 심지어 세습까지 시켜주는 사회적 제도로 타락했다.

미국에선 1940년대는 생의 90%는 기대했던 거만큼 실현했다고 했다. 하지만 1980년대에서는 생을 살며 절반 정도만 부모 세대보다 더 나은 여건에서 살게 되므로 열심히 노력해서 계층 상승 이뤄낼 가능성 점점 낮아지고 있다. 이로 인해 젊은 세대 사이에선 경쟁이 심화되었다.

샌델 교수는 지금의 미국 사회는 현대판 세습 귀족정이다, 중세시대 세습 귀족정은 신분에 의해 세습되었으나 지금의 미국은 학력에 의해 세습된다. 미국은 학력 계급 사회라지만 한국은 학력 계급 사회에 더하여 연고주의가 붙어있다. 어느 대학 출신인가를 가지고 밀어주고 당겨주고 한다. 한국은 여전히 봉건적 연고주의가 지배하고 있다. 특정 대학 출신들이 지금처럼 독점적으로 권력을 향유하는 나라는 지구 어디에도 없을 것이다.

4년제 대졸을 못한 미국인 수가 3분의 2인데 향후 대학은 없어지지 않는다.

계층 상승에 제약이 있다는 생각을 가지고 있으면서도 대부분 미국인들은 '넝마주이에서 부자가 될 수 있다.'고 여론조사에서 답하고 있다.

계층 상승 열망의 이유는 조부모, 부모가 미국에 이민자로 와서 빈손으로 죽어라 일해 자녀 교육에 열성을 다해서 자신이 있다고 해서이다.

하버드대학엔 매년 4만 개의 입학 원서 들어온다. 그런데 정원은 2천 명뿐이다. 지원자 4만 명 대부분 하버드에서 공부할 실력 갖추고 있다. 사전 심의 후 2만 명 정도 남겨서 제비뽑기로 선발하자는 게 센델 교수의 파격적인 제안이다. 추첨제는 변화의 작은 출발점으로 제안한 것뿐이고, 이유는 능력이 아닌 운을 강조하고자 함이고 이를 통해 합격생이 좀 더 겸손해질 수가 있을 거라는 것이다.

정치 철학에서 가장 중요한 게 정의이다. 책의 종반부에 철학적으로 보았을 때 궁극적으로 능력이 무엇인가 묻는다. 센델 교수는 능력의 본질은 끝까지 들어가서 보면 그것은 Luck! 즉 운이다. 머리가 좋게 태어나는 건 생물학적 운. 부잣집에서 태어나 자라는 것은 사회적 운이라 한다. 좀 벗어나는지는 몰라도 사법고시 아홉 차례나 본다? 대한민국 보통의 가정에서는 도저히 불가능한 일이다. 내 친한 고교 동창은 70년대 서울 모 대학 법학과에 4년 전액 장학금에 기숙사 제공으로 입학. 당시는 한 대학에서 매년 사법고시에 몇 명이 붙었는가로 법학과의 순위가 매겨질 정도로 각 대학에서 고시 준비생을 기계처럼 돌리고 돌렸다 해도 과언이 아니었다, 동창은 1차는 통과하였으나 2차는 안 되어서는 동 대학원에 진학 2년을 더 도전하였으나 2차 합격을 이루지 못하고 결국은 석사장교로 입대하였다. 제대 후 동생들도 몇 있어 장남으로 뒤를 돌보아야 하니 가정 형편상 사법고시는 포기하고 공기업에 취업하였다. 동창이 결혼 무렵에 만나서 하는 말이 집안이 조금 여유가 있었으면 제대 후 2~3년 어디 절간에 들어가 고시에 재도전했다면 합격하여 판·검사 할 수 있었을텐데 하는 아쉬움을 토로했던 기억이 난다.

그리고 손흥민, 박찬호, 김연아 이들이 구한말에 태어났다면? 지금의 그들이 과연 있을 수 있는가? 이들에게는 시대적 운이 있는 것이다. 이러한 세 가지 운이 적절히 결합된 상태를 능력이라 불러야 타당하다. 인간은 큰 차이 나는 존재는 아니다. 사회적 계급 질서를 정당화하기 위해 과장한 것이다, 마치 무슨 대단한 능력이 있기 때문에 부와 권력을 독점한다는 이데올로기가 생성되었는데 이걸 능력주의 이데올로기라 부른다.

샌델 교수가 한국 독자에게 -
성공에 대한 태도에 말하길 성공한 사람들이 지금 같은 경제시스템 안에서 성공이란 걸 이루어 낸 사람들이 가끔 착각하는 게 '내 성공은 내가 이루어 낸 거야' 거기서 오만이 비롯된다. 나보다 운이 따라 주지 않았던 사람들을 무시하면서 사회적 연대와 공동체 무너뜨린다. 내가 잘했기 때문에 내가 성공했다고 믿으면 타인의 입장에 서서 생각하기가 매우 어렵다. 나보다 운이 없고 덜 가진 사람들을 향한 책임감을 느끼기 어렵다. 해서 우리가 갖추어야 할 시민의 덕으로 겸손함을 회복하는 것이다. 우리가 빚진 거에 감사한 마음 가져야 한다. 나의 성공이 행운일 수도, 여기까지 올 수 있게 도와준 사람일 수도 있기 때문이다.

이제라도 이 시대의 불평등 해소를 위해 더 넓은 시야를 지니고, 나 한 사람만 성공하려 애쓰기보다는 함께 더 나은 공동체를 만들자는 것으로 방향을 틀어야 한다. 불평등 해소를 위한 유일한 해법은 사회적 연대로 약자를 배려하는 마음, 공동체 윤리로서 모두가 함께라는 생각을 가지는 것이라 본다.

전반적으로 '공정하다는 착각'(The Tyranny of Merit)은 능력주의 세계관에 대한 강력한 비판을 제공하고 우리의 가치와 우선순위에 대한 재검토를 요구한다. 샌델 교수의 주장은 풍부한 사례와 연구에 의해 뒷받침되며, 이 책은 현대 사회의 복잡성과 보다 정의롭고 공평한 세상을 만들기 위해 우리가 직면하는 과제를 이해하는 데 관심이 있는 모든 사람에게 꼭 읽어야 할 책이라 여긴다.

첨부하여 연합뉴스는 우리 국민 3명 중 2명 "사회 불공정"하다고. 중장년이 청년보다 불공정 인식 높아. 57% "사법·행정 불공정", 청년 46% "한국 사회서 청년 차별당해"

불공정 원인으로 "부정부패"…남 71%· 여 59%가 "직장서 여성 처우 공정하다"라고.

불공정이 발생하는 가장 큰 원인으로는 '기득권의 부정부패'(37.8%)가 가장 많이 꼽혔고, '지나친 경쟁 시스템'(26.6%), '공정한 평가 체계의 미비'(15.0%), '공정에 대한 사람들의 낮은 인식'(13.0%), '계층이동 제한과 불평등 증가'(7.6%) 순이었다.

한국 사회가 불공정하다는 인식은 '공정함'이라는 가치를 중시한다고 알려진 청년보다는 중장년에게서 오히려 많았다. 공정성에 대한 부정적 인식 비율은 중장년층이 67.9%로, 62.1%인 청년층보다 높았다. 노년층은 59.4%로 그 부정적 인식이 가장 적었다.

그리고 본 글은 중앙대 김누리 교수의 강연에서 했었던 몇몇 의견도 참조, 인용하였음을 밝혀둔다.

2023 카타르 아시안 컵 대회를 보면서

 나는 어릴 적부터 공차기를 좋아했고 여전히 축구 경기 보기를 좋아해 인천 유나이티드 프로팀 홈 경기가 있으면 경기장에 자주 가서 보는 편이다. 대한민국 남자라면 아니 전 세계 남자라면 청년 시절 거의 다 축구 게임 하기와 나이 들어서도 경기 보기를 좋아하는 것으로 안다.

 청년 시절 부산에 근무하면서 시 축구협회 주최 초급 심판 강습과 유소년 지도자 강습에도 참석하였다. 그 후 유소년 축구 지도를 이 분야 선배와 몇 차례 한 경험도 있다. 88년 서울 올림픽 기간에는 통역자원봉사자로 신청하여 사전 검증을 거쳐 당시 축구 경기 참가국이었던 중국, 아르헨티나, 호주, 독일 그리고 한국 대표팀까지(당시 김정남 감독. 최순호, 최강희 선수 등 활약) 팀을 각 1박 2일씩 부산 경기 시 인솔 안내하였던 기억이 지금도. 세계 각국에서 월드컵이 개최되어 중계방송을 볼 때면 당시 내 모습이 다시 생각나곤 한다.
 당시 입었던 자원봉사자용 초록색 상의, 연회색 하의로 된 양복형 유니폼은 35년이 지난 지금도 장롱에 기념으로 걸어 두고 있다.

또한 각국 선수들로부터 받은 기념 배지, 주화 등도 역시 서랍에 그대로 간직하고 있다.

2023년 아시안 컵은 중국에서 개최 예정이었으나 코로나로 연기하다 결국 반납으로 인하여 이를 직전 월드컵 개최국이었던 카타르가 나서 유치하였다. 당시 한국에서도 중국이 반납한 대회를 개최하려고 했으나 관심을 가진 국내 도시가 없어 막판에 철회하였다고 한다, 이유는 자국 경기는 흥행을 하나 나머지 참가국 경기는 너무 관객이 저조할 거라는 예견으로 유치 조직위에서도 이를 염두에 두고 적극 나서지 않았던 것이라 한다.

한국 팀은 카타르 예선전에서 바레인전 승리, 요르단전 무승부, 심지어 말레이시아전에도 무승부를 기록 조 2위로 16강에 올라가 사우디와 16강 전에서 연장전에서 승리, 이어 며칠 뒤 8강에선 호주와 대전에서 역시 연장전까지 들어가서 승리하였다. 결승을 앞둔 4강전에서 이미 예선에서 비겼던 요르단과 재대결이 이루어졌다, 경기 당일 한국시간 자정에 시작한 경기를 기대하고 중계방송을 보았으나 결과는 2대0으로 패해 우승을 향한 문턱마저 넘지 못하고 멈추어야 했다. 이 경기에서 차라리 아쉽게 아니면 운이 없어졌다면 그나마 작은 위안이 되었으련만, 전후반 내내 무 전술에 선수 기용과 교체에 패착이 있어 보였고, 보기가 민망할 정도의 경기력으로 패배한 경기였다.

결승전은 강호 이란을 격파한 개최국 카타르와 우리 팀을 무참하게 만들고 사상 처음으로 아시안 컵 결승에 오른 요르단의 대결이었다. 결과는 3대 1로 카타르가 승리. 4년 전에 이어 다시금 우승컵을 들어 올렸다. 나는 지금까지 여러 축구 경기를 현장에서 또 중계방송을 보아 왔으나 페널티 킥을 세 차례나 얻어 이것으로만 득점 성공하여 3대 1로 상대 팀을 이긴 경기는 처음이었다. 이 세 골 모두 카타르의 공격수 아피프가 차 넣어 대회 득점왕에 최우수 선수까지 등극하였다.

아시안 컵이 끝나고 주장 손흥민 선수와 이강인 선수 4강전 직전일 저녁 시간에 다툼이 해외언론을 통해 오는 것이 국내 언론에 들불처럼 퍼지며 도배되기 시작하였다. 이로 인한 국내외 언론과 팬들이 이강인 선수와 관련된 젊은 선수들을 성토하고 비난하기 이를 데가 없었다.

4강 전에서 탈락으로 클린스만 감독과 그의 스탭진이 계속 국가대표팀을 맡아야 하는가도 역시 연일 뜨거운 논쟁의 중심에 있게 되었다. 클 감독은 과거 감독 전력을 보아도 국내에 감독으로 취임 후로도 해야 할 막중한 역할이 분명히 있음에도 훈련 시에나 경기에서고 자유 방임 형식으로 운영을 한 거로 보인다. 속된 말로 선수 빨로 그나마 4강까지 꾸역꾸역 힘들게 올라갔다. 더 아쉬운 점은 손흥민 주장과 이강인 충돌 현장에 있었으면서도 그곳에서 바로잡아 경기에 임하지 않았다는 것이다. 이 부분이 월드컵 4강을 이루어 낸 히딩크 감독의 리더쉽과 비교가 된다고 한다.

이런 사태 후 이강인 선수 광고주들의 손절에 100억대 손실까지 언론에 보도되고 이에 이강인은 화들짝 놀라서인지 고개 숙이고 대국민 사과에 이어 파리에서 런던까지 날아가 손흥민 주장에게 진심으로 깊이 사과했고, 여타 동료 선수들에게도 사과의 글을 보냈다고 하여 축구 팬의 한 사람으로서 불행 중 다행이라고 여겼다.

축구에 진심인 내 지인은 이러한 사태를 보고선 이강인 선수가 너무 일찍 해외에서 축구를 배우기 시작하다 보니 -인천 태생으로 초등학생 시절 부모님과 함께 스페인으로 축구 유학을 감- 또 동양인으로 체구도 작은 편이어서 그 시절부터 악바리 근성으로 살아남으며 현재에 이르게 되는 과정에서 생성된 자기만의 성격으로 인하였다고 했다. 그 자리에서 내 의견은 국내에서 초중고 시절 축구를 배우고 또 교육도 이루어졌다면 양보하는 겸양도 전체를 위한 자제력 그리고 선배들에게 예의를 갖추는 것도 몸에 익히는 기회를 가졌을 텐데 이 부분의 결여로 인한 것이라고 말했다.

나는 중고교 시절 전통의 야구부가 있는 학교에 재학하였다. 당시 각반에는 한 두 명씩의 선수들이 있었는데 학급에 들어와 수업하는 날이면 감독에게 선배들로부터 원산폭격 등 기합 받은 거부터 야구 방망이로 엎드려뻗쳐 자세로 맞았다는 이야기 들었던 게 기억이 난다. 물론 지금 시대엔 그러한 문화는 많이 사라졌다고 보인다마는 간혹 기존의 각종 프로 선수들 중에 학교 시절 학폭에 연루되었다며 당시 피해자들이 sns나 언론을 통해 알려오는 경우도 본다. 이러한 구시대 훈련 문화는 분명 사라져야 하겠고 지도자와 선수들 간 또 동료와 선후배 선수들 간 원활한 소통을 통하여 경기력과 인성을 보다 더 격을 높여야 하겠다.

먹튀에 가까운 클리스만 감독은 떠난 상태지만 신임 축구 국가대표 감독이 오면 20여 명의 대표선수들을 일치단결된 원 팀을 이루도록 해 우선은 월드컵 아시아 지역 예선을 순조롭게 통과하여 2026년 북중미 월드컵(캐나다, 미국, 멕시코 개최) 본선에서 2002년 한일 월드컵에 버금가는 좋은 성적을 거두어 주길 바란다.

2년 뒤 월드컵은 세계적 축구선수이자 국가대표 주장인 손흥민 선수가 뛰는 마지막 월드컵이 되리라 본다. 높은 기량과 주위에 귀감이 되는 인성을 갖춘 손흥민 선수가 차기 월드컵 본선까지 부상 없이 좋은 컨디션으로 최종 예선전을 후배 선수들과 함께 마무리 잘해주길 바라는 마음이다.

한 유권자로서 4.10 총선을 치루며

　4월 초 벚꽃 피는 계절에 전국은 국회의원을 선출하기 위한 4년 터울 선거가 이루어지고 있다. 24년도 새해에 들어서자 기존의 거대 양당 구성원들이 이 저 눈치 보며 공천에 대비하고 또 당내에서 공천에 들지 못한 의원들은 상대 당 품으로 달려가 안기거나, 소속 정당에 불만을 가지거나, 정치 노선이 같지 않아서인지 이들끼리 손잡고 새로운 정당 간판을 걸고 나오기도 한다. 4년 전 21대 총선에 비해 22대 총선에선 비례 후보직 선출을 목적으로 한 정당들이 대거 출현했다. 지역구 투표용지엔 몇 후보 명만 인쇄 된 반면 전국 비례후보만을 목적으로 한 정당명들이 너무나 많아 투표용지 길이가 너무 길어 개표 시 기계로 분류가 안 되어 수작업으로 해야 한다고 한다.

　2020년 21대 총선 결과는 더불어민주당+더불어 시민당 180석, 미래통합당+미래한국당(국민의 힘) 103석, 정의당 6석과 군소정당들+무소속 11석 총 300석으로 이루어졌다. 4.10 22대 총선에선 과연 어떠한 결과로 각 정당별 의석이 이루어질 건가 하며 주위 지인들이 관심을 가지고 있으며 나 역시 결과에 사뭇 궁금해 하고있다.

　나는 총선, 지선, 대선을 치루어서 그 결과로 다수 득표를 하여 선출직에 앉게 되는 정치인들이 또한 정당들의 모습을 보면서 고 이건희 삼성 회장이 '우리나라 정치는 4류, 행정은 3류, 기업은 2류'라는 말이 떠오른다.

총선일 전야 뉴스 중에 길가는 시민에게 '국민이 바라는 국회'를 물으니 "여의도를 바라보면 너무 속상해요." 또 다른 시민은 "국회에서 무슨 일한 거 있습니까?" 하였으며, 방송 기자가 지난 국회를 두고서 '핵심 상임위 두고 여야 몸싸움'과 '거대 야당의 반발로 의사당이 투쟁 장'이 되었다며 관련 화면을 보여주었다. 또 윤 대통령의 아홉 차례 거부권 행사와 21대 국회에 접수된 법안 가결이 11% 정도였다고도 하였다. 이어 거리에서 몇 분 시민에게 마이크를 가져다 대면서 내일 총선 후 향후 4년간 국회가 어떠하였으면 하는가? 물으니 "좀 깨끗한 사람이 들어와 일했으면 합니다.", "사고만 안 쳤으면 합니다.", "국민과 기꺼이 하는 정치와 그런 정치인을 보고 싶습니다."라고 의견을 내었다.

4월 10일 총선일, 내 거주 지역구 국회의원 출마자 선거사무소의 의뢰를 받아 주민센터에 12시 10분 전 도착하여 오후 6시까지 투표소 참관인으로 활동하였다. 이번으로 참관인 활동은 지난 총선, 대선, 지선에 이번에 네 번째 활동이었다. 점심 시간대에는 제법 많은 유권자가 투표장을 찾았으니 오후 4시 이후부터는 투표자 방문이 눈에 띄게 줄었다. 5시 무렵 동 주민이신데 연세가 80을 훌쩍 넘긴 할머니 한 분이 투표소에 오셨는데 허리가 90도로 굽으신 분이셨다. 당당히 유권자로 투표하도록 종사원께서 안내하고 기본적 설명을 해드리려 하니 손사래 치면서 자신께서 직접 할 수 있다며 비밀투표니 내 투표지 보면 안 된다고 목소리 높이셨다. 기표 후 접는 방법 안내에 따르고선 당당히 두 장의 투표용지를 투표함에 손수 넣고 가셨다.

4년 전 총선 투표소 참관 경우와 달리 이번 총선에는 아마도 처음 투표를 행사하는 유권자분들이 몇몇 보이는 듯했다. 중년은 되신 분들이 종사자 측에 기표는 무엇으로 사용하는가? 두 장의 기표지 양쪽에 다 찍어야 하는가? 다른 몇 유권자는 '왜 이렇게 정당들이 많은가?'하며 푸념을 하기도 했다. 나로서도 한국에서 정당 설립이 쉽지는 않다고 아는데 언제 이런 정당들이 세워졌는가? 의아하게 여겨졌다. 올해도 어김없이 기표소에 지갑, 휴대폰, 신분증을 놓고 간 후 찾으러 되돌아오신 투표자를 보게 되었다.

투표소 종사자 공무원들은 사전 투표일이든 본 투표일이든 새벽부터 저녁까지 근무하고 하루 휴무도 없이 다음 날 9시 정상 출근해야 된다고 하니, 이 부분은 개선이 되었으면 한다. 투표 마감 시각 2분 전에 한 40대 여성분이 부리나케 오셔서 소중한 한 표를 행사하고 가고선 바로 현장 담당관이 투표 종료 상황을 알려주었다. 나와 다른 또 한 참관인이 투표함을 개표소까지 차량 이동하는데 동승하도록 의뢰를 받아 경찰관 두 명과 당일 투표 종사 공무원 세

명과 함께 승합차로 부평구 개표소까지 인수인계 확인 후 곧바로 동네 식당으로 향했다. 전날 시민 활동가 몇 명과 함께 저녁 식사에 반주 겸해서 개표 방송을 보도록 하자고 얘기가 되었다. 방송에서 총선 출구조사와는 다른 초반 개표 상황이 전개되었고 밤 9시 넘어서 출구조사와 근사한 개표 결과가 하나둘 나오기 시작했다. 자정 무렵 집으로 들어와 새벽 두 시 넘게까지 개표 방송을 보는데 그 시간대에도 여러 지역에서 선두가 바뀌곤 했다.

지금의 우리나라 선거제도와 문화는 과거에 비해 장족의 발전을 했다. 80년대 장충체육관에서 간선으로 대통령이 선출된 전두환 군부 정권 시절. 부산에서 근무할 때 투표할 수 있는 선거란 오직 국회의원 선거였다. 내 기억으로 지역 입후보자 운동원들이 투표일 하루 이틀 남겨놓고 동네 가가호호 다니며 비누나 양말 돌리는 건 다반사요 심지어 봉투에 현찰을 넣어 돌리는 경우도 보았다. 자금주나 다름없는 후보자의 운동원들 중엔 중간에 의도적 배달 사고 내면서 한몫 챙기는 일도 더러 있었다. 당시 선거철에 떠돌던 말이 아버지가 국회의원에 출마하니 그 아들이 '아버지가 떨어지면 집안이 망하겠고, 당선되면 나라가 망하게 생겼다."고 했을 정도다. 그럴 수밖에 없는 게 모든 선거 비용을 출마자가 부담해야 했다. 여의도에 입성해도 무보수였으니 지금의 의원 세비 정도에 상당하는 액수를 임기 4년 동안 국민 세금에서 아니면 관련 기업체들로부터 무슨 방법을 써서라도 가지고 갔으리라 본다.

22대 총선 투표율은 67%로 역대총선에서 최고치를 달성했다고는 하나 여전히 유권자 삼분의 일은 탄알보다도 강한 투표라는 소중한 권리를 포기한 것이어서 못내 아쉽다. 과거 호주에 거주하며 들은 사실은 호주 투표에 불참하면 20달러 벌금을 내게 된다고 했다. 우리나라도 이런 제도 도입하면 투표율도 오르고 회수한 벌금으로 선관위에서 선거 시 사용된 비용 충당이라도 되었으면 한다.

  22대 국회 구성은 총 300 의석 중 더불어민주당 지역 161석+더불어민주연합 비례 14석으로 175석을 국민의힘은 지역 90석+비례 18석으로 108석 이어 조국 혁신당 비례 의석으로만 12석, 개혁신당 지역 1석+비례 2석으로 3석에 더하여 새로운 미래 지역 1석과 진보당 지역 1석으로 이루어지게 되었다.

  총선일 다음 날 오전에 라디오를 통해 선거 전문가 출연하여 진행자가 총선 결과 윤 대통령이 취하게 될 내용 중에 대통령실 수석들 그리고 각부 장관 교체를 통해 국정의 변모를 보여줄 거 같은가? 라는 물음에 답하길 윤 대통령 모시고 국무총리, 장관, 수석 비서 할 인재들이 과연 있을까요? 아마 썩 나서려는 사람들이 없으리라 예견한다고 하는 의미 있는 말에 나 역시 수긍하였다. 과연 누가 부른다고 용산으로 달려 갈까? 하는 생각이.

  총선 며칠 전인 4월 초순, 지역 사회 단체 운영위원회에 8명이 참석하였다. 한 위원이 이번 총선 결과 예측으로 범야권 210석 예상한다며 내기를 걸자고 하였다. 그의 예상 의석수 관련 예측 의견을 듣고선 내가 조정하여 범야권 210석 이상과 210석 미만으로 나누어 손들자고 하였다. 내기에 걸린 금액 5만 원, 210석 이상 4명 거수에 반해 210석 미만 4명 거수로 딱 절반씩 나누어지게 되었다. 이번 총선 정당별 의석수 결과로 5월 초 운영위원 모임에서 5만 원 받을 생각을 하니 절로 미소가 머금어진다.

오늘 아침 신문 기사에 22대 국회의원 선거 지역구 254명 당선자들 평균 모습은 대학원 졸업에 50대 남성이 주축이라고 했다. 좀 더 상세히 부연하면 254명 중 절반인 127명이 50대이고, 60대가 90명, 40대 21명, 30대 10명, 70대 6명인데 20대는 단 한 명도 없었다. 눈에 뜨이는 건 유일한 80대(81세로 최고령)는 박지원 당선자였다.

남성이 218명 여성이 36명으로 남성 비율이 85.8%에 이르렀고 126명이 대학원 졸업이고 대학 졸업자는 98명이었다. 그리고 21대 국회의원 자격으로 297명이 출마하여 149명이 22대 총선에서 다시 당선되어 여의도로 입성하였다.

내 개인적 의견이지만 국회의원도 지방자치단체장처럼 3선 정도에서 마치도록 하고 국회의원 자격에 미달하거나 반민주 반시민적 의정 활동이나 또 불미스러운 일에 관련되었을 경우 의원 소환제가 도입되어야 한다고 본다. 더하여 국회 윤리위원회를 국회 구성원들에게만 맡겨 놓을 게 아니라 시민 대표가 적법 절차를 거쳐 일정 수 비율의 윤리 위원로 들어가서 심사 과정과 최종 결정에도 참여토록 해야 한다.

부디 22대 총선 후 여의도로 가는 300명의 나리들이 국가와 사회 변화와 발전 그리고 민생 안정과 국민 복리 증진에 국민 대표의 역할을 다해주길 바랄 뿐이다.
이번 국회에서만큼이라도.

세계 책의 날

얼마 전인 4월 23일이 세계 책의 날이었다고 한다. 이 나이 들도록 책의 날이란 말은 처음 접해보는 게 아닌가 싶다.

이 기념일은 1995년 유네스코 총회에서 제정되었다. 독서와 출판을 장려하고 저작권 제도를 통해 지적 소유권을 보호하기 위함이란다. 날짜에 얽힌 일화도 흥미롭다. 우선 스페인 카탈루냐(바르셀로나 속한 지역) 지방에선 사랑하는 사람이 책을 사면 꽃을 선물하는 '세인트 조지의 날' 전통이 있었는데, 그 날짜가 4월 23일로 알려졌다. 또 1616년 스페인 작가 세르반테스와 영국의 셰익스피어 사망일이 이날 겹친 것에도 착안했다고. 셰익스피어는 '로미오와 줄리엣' 등 숱한 희곡소설을 남긴 문학가. 세르반테스 역시 '돈키호테'를 쓴 세계적 작가이다. 두 사람은 동시대에 살았고 기록상 사망일도 같은 해 같은 날이다 보니 이 날짜를 책의 날로 채택하였던 모양이다.

인류 최초의 책은 '점토판'으로, 지금의 이라크와 그 주변 지역이었던 '메소포타미아 문명'의 수메르인에 의해서 만들어진 것으로 추정된다. 점토판은 진흙이 굳기 전 갈대 펜으로 '설형문자(쐐기문자)'를 새기고 햇볕에 말리거나 가마에 넣고 구워 만들었다. 그리고 인류 문명의 시작과 함께 도서관은 탄생했다. 글쓰기가 시작된 곳은 기원전 3000년께 메소포타미아 티그리스강과 유프라테스강 유역 비옥한 농경 지대다. 최초 도서관도 이곳에서 등장했다. 가장 오래된 도서관 유적은 1970년대 시리아 남부 에블라에서 발굴됐다. 고고학자들이 발견한 모래 속에 잠겨 있던 2만여 개 점토 서판은 붙박이식 선반에 가지런히 정돈돼 있었다. 2.5㎝ 두께 나무틀에 점토를 채우고 쐐기문자를 새긴 뒤 불에 구운 서판들이 건조한 사막 기후에서 살아남은 이것들이 고대 도서관 정경을 현대인 앞에 되살려냈다.

고대의 가장 유명한 도서관은 마케도니아 출신 프톨레마이오스 1세가 건립한 이집트의 알렉산드리아 도서관이다. 기원전 300년에 설립돼 학문과 문학, 도서의 세계적 중심지가 됐다. 학자들은 4만 권부터 많게는 40만 권까지 도서를 소장하고 있었을 것이라 추정한다.

올해 봄, 문체부에서 2023년 국민 독서실태 조사 결과 발표하기를 지난해 성인의 종합독서율은 43.0%로, 10명 가운데 약 6명이 1년에 책 한 권도 읽지 않은 것으로 나타났다. 그나마 책을 읽는 성인도 하루 독서 시간 18.5분이라고 하는데 조사 대상 응답자들은 일 때문에, 스마트폰 등 책 이외 매체 이용 증가로 책을 볼 여유 시간이 별로 없다고 한다. 그래도 초·중·고교 학생의 종합독서율은 95.8%, 연간 종합독서량은 36권으로 전년 대비 독서율은 4.4%, 독서량은 1.6권 증가했고 평일 기준 하루 독서시간도 82.6분으로 10.5분 증가했다(단, 수험참고서, 만화 등 제외한 종합 독서량 임). 대학 수능이 없고 유럽처럼 고등학교 졸업시험(독일 경우 90% 이상 통과한다 함)으로만 원하는 대학에 진학할 수 있다면 청소년 독서량도 한 층 더 높일 수 있을 거다. 또 책을 통한 간접 경험을 쌓아 보다 넓은 안목과 식견을 지닌 사회인으로 발을 내딛으리라고 본다.

반세기 전인 내가 학생 시절엔 가정조사라는 걸 했는데 그 인쇄물엔 늘 취미를 묻는 난이 있었다. 반 친구들 대다수가 이 빈칸에 독서를 적었다. 나 역시도 그랬으니.
간간이 등산, 음악이나 영화감상 적는 친구들도 있었지만. 중학생 시절 수업 후 학교 도서관에 그래도 반에선 자주 갔었던 편이었다. 들어가면 늘 보던 같은 반, 이웃 반 친구들 몇몇 이었고 도서관 좌석은 많이 비었던 것으로 기억한다. 고등학생이었을 때도 중학생 시절의 도서관 분위기와 별다름 없이 들어가 보면 썰렁했었다.

1백 년 전에 창간한 미국 유명 고급 시사 주간지로 뉴욕에서의 갖가지 사건과 생활상, 문화계의 이슈 등을 주로 다루는 '뉴요커'지는 2000년대 들어 한국이 주목받으면서 한국 관련 칼럼이나 기사도 상당히 자주 등장하는 편이다. 수년 전 이 잡지에 실렸던 기사 중에 '한국인들은 책은 안 읽으면서 노벨 문학상을 원한다.'고 했다.

2017년 OECD 국가 성인 1인당 월간 독서량을 보면 미국 6.6권, 일본 6.1권 프랑스 5.9권에 이어 독일, 영국이 상위 국가이다. 한국은 월 0.8권으로 166위로 세계 최하위권이다. 우리가 그저 그렇게 보는 또 한자로 인해 문맹률도 여전히 높은(농촌 지역은 근 50% 문맹) 이웃 중국도 우리의 세배인 월 2.6권이다. 2021년 통계청 조사에 의하면 한국 연평균 독서량 7.0권으로 월로 환산하면 이제는 0.6권도 채 못 된다.

2023년 말 국회 예결위에서 도종환 의원이 한국인 연간 독서량 4.5권에(월 0.4권) 불과, OECD 국가 중 꼴찌라고 했다. "책 읽는 사람이 없으면 서점도 못 살리고 도서관도 못산다. 작가도 존재할 수 없다."라 했고, 또 특히 K 컬쳐의 기초도 무너진다고 했다.
전국 서점 수 1996년 5,378개, 2011년 2,577개, 2019년 1900개로 대폭 감소 되었다.

2024년도 현 정부 '책 생태계 관련 예산 삭감 내용'을 보면 출판 부문에서 '우수 콘텐츠 저작 지원' 13억 전액 삭감, 중소 출판사 출판 콘텐츠 창작 지원 7억 전액 삭감했고, 독서 부문에서 국민 독서

문화확산 59.85억 전액 삭감, 서점 부문에서 문화 활동 지원 6.5억 전액 삭감, 도서관 부문에서는 도서관 실감형 창작 공간 조성 19억 전액 삭감했다. 윤 대통령 부인께서 사저에서 관저로 이사 가면서 폐기장에 버리고 갔다는 책에는 전태일 노동 열사의 일대기 1, 2권, 전직 대통령의 회고록들도 있었다고 한다. 그나마 모두 읽은 후 폐기했었기를 바란다.

십수 년 전 유재석이 사회를 보았던 '책, 책, 책을 읽읍시다'라는 방송 프로가 있었는데 이를 관심 있게 자주 시청했다. 방송 중 소개된 책 중에서 두세 권을 구입해 읽고 지금도 집 책장에 꽂아 놓고 있다. 방송을 통하게 되니 일정 작가와 출판사에 몰아서 책 판매 기회를 주는 단점, 폐단도 있을 수도 있다. 하지만 전국 농어촌, 도서 지역 중에 도서관이 없는 곳에 소규모 도서관이나 책 대여 장소를 지어주고 책도 기증하는 방안을 찾아간다면 다시금 시도해 볼 만한 독서 권장형 방송이다. 지금처럼 책을 읽지 않고 출판문화계가 침체에 빠져 있는 상태를 극복해 보려면 이러한 방송 프로를 복기해 볼 만하다.

1962년 36세 나이로 세상을 뜬 50년대 미국 아니 전 세계에서 단지 섹스 심볼 여배우였던 거로만 알려진 마릴린 먼로는 고아와 다름없었다. 불우하고 빈곤하게 어린 시절과 10대를 보냈건만 그녀는 상당한 독서를 통해 지식을 쌓고 이를 바탕으로 생존 당시 흑인 차별 철폐를 위해 활동하였고, 핵 평화 사용 위원회에 유일한 여배우로도 이름을 올렸다. 근년에 그녀가 소장했던 430권의 도서가 소더비 경매에 나왔는데 예술, 문화, 정치 등 다양한 내용의 책들이었다.

마이크로소프트의 창업자 빌 게이츠는 "오늘의 나를 만든 것은 마을의 작은 도서관이다. 나에게 소중한 것은 하버드대학 졸업장보다 독서하는 습관이었다."라고 했는데 책을 가까이하지 않는 우리로서는 새겨들을 말이다.

아버지 기일에 고향을 다녀와서

나는 3년간의 한국전쟁이 휴전협정으로 그치게 되었던 그해 가을 경남 사천에서 태어났다. 내 위 형제들은 모두 이 나라 중부권에서 또는 일제시대 부모님이 건너가 수년간 살았던 중국 우한에서도 태어났다. 오늘은 아버지 기일이어서 사천 용현면 묘소에 다녀오고자 진주행 열차를 서울역에서 아침 8시 반에 타서 진주역에 12시에 내렸다. 며칠 전 연락해 두었던 부산 조카 부부가 차를 가지고 진주역 앞에서 대기해 있어서 함께 타고 사천 시청 앞으로 향했다.

고향을 마지막 방문했던 게 어언 20년이 넘었다. 노무현 대통령 당선되고 취임한 첫해 봄 즈음에 방문하고선 그 후로 처음이니 말이다. 그간 20년간 경제생활 전선에서 굴곡이 있다보니 고향행 발걸음을 썩 내딛지 못했던 게 마음 한편으로 늘 남아왔다.

70년대 진주는 서부 경남에서 주요 도시라곤 하였지만 인구 10만이 좀 넘는 지방 도시였다. 지금은 인구 36만의 어디가 어딘지 전혀 몰라볼 정도 변모한 중견 신도시가 되었다. 사천시 역시 인구 13만으로 이곳에 항공 산업기지 구축으로 방위산업의 중추 역할과 올해는 우주항공청이 들어설 예정이라고 하니 더욱 기대되는 도시이다.

    부산 조카가 사전에 연락해 남동생과 육촌 형님을 사천 시청사 앞에서 만났다. 육촌 형은 고향 사천에서 나고 자라 살고 있는데, 여든이 넘은 나이에도 고소득 재배 농업에 종사해 왔으며 15년 전 고향의 아버지 어머니 산소와 다른 곳에 있는 윗대 조부모, 숙부 그리고 사촌들 묘소를 이장시켜 한군데로 모셔와서 종중 묘역을 이루어 놓은 공로자이다. 아버지 측 8남매와 사촌 즉 내게는 오촌 되시는 분들도 이미 오래전에 세상을 뜨셨고 내 사촌, 육촌들은 80년대 90년대 이미 고향을 떠나 부산, 울산, 서울 등으로 삶의 터를 옮겨 살고 있기에 고향에 유일하게 가까운 친척은 지금의 육촌형 뿐이다.

    시청 앞에서 차량으로 15분 이동, 부모님이 묻히신 종중 묘역에 도착 -묘역에는 20기가 훌쩍 넘는 묘소- 제단에 향을 피우고 부산에서 조카 부부가 가져온 과일 몇 가지에 소주를 잔에 따라 놓고 함께 절을 올렸다.
    나와 육촌형은 진주 강씨 은열공파 31대손이다. 종중 묘역 위쪽에 고조부이신 통정대부(정삼품)계시고 한 계단 아래 증조부 그 아래 조부 그 아래 단엔 어머니, 아버지와 형제분들 그리고 5촌 숙부가 모셔져 있고, 그 아래는 2년 전 울산에서 세상 뜨신 큰형님과 4촌 형들이 모셔져 있다.
    이곳 사천에 처음으로 들어와 자리를 잡고 살았던 중시조께서는 임진왜란 시 이순신 장군 휘하 수군훈련대장이었다. 지금으로 치면 해군사관학교장 정도. 이순신 장군이 무능한 암군 선조에게 한양으로 불려 올려가서 갖은 고초를 겪는 사이 원균은 이순신 장군의 전함과 수군을 고스란히 인수해 가지고서도 왜군과 칠천량 해전을 치루며 대패했다. 아니 돌이킬 수 없이 무참하게 참패하고 왜군에 쫓겨 도주하고 조선 수군들은 무참히 살해당하고 뿔뿔이 흩어지게 되었다. 중시조 조부께서도 당시 잘못된 정치판에서 또 모시던 이순신 장군이 처참한 지경의 나락으로 떨어지는 것에 크게 회의를 느껴 지휘했던 주둔 부대의 인근 지역인 사천으로 들어와 장군복을 벗고 농사 일구고 공부하며 서당을 열고 현지 백성들에게 학문을 전수해 주었다고 했다. 내가 어릴 적 큰형으로 부터 들었던 얘기는 사천 중시조 조부의 종손 집에 가면 임진왜란 시 입었던 갑옷과 칼이 나무함에 보관되어 있는데 큰형에게 보여는 주었으나 400년 전 의복과 칼이다 보니 혹 흠이 갈까보아 만지지는 못하게 하였다고 했다. 저희 중시조 되시는 분의 공덕비가 종중 묘역 올라오는 길가에 세워져 있다.

  종중 묘역을 뒤로하고 점심을 먹으러 삼천포항으로 갔다. 삼천포는 바로 이웃한 사천군과 병합이 이루어져 사천시로 개명되기 전에는 전국에서 가장 작은 시였다. 생선회를 먹느냐 아니면 장어구이를 먹느냐 논의 끝에 장어구이와 돌솥 밥으로 모처럼 푸짐한 식사를 여섯 명이 함께 했다. 식사 중 돌아가신 숙부의 생전 이야기며 고향서 멀리 떨어져 살고 있는 사촌들과 그 아들, 딸들에 대해 소식을 전하고 또 듣게도 되었다.

다시금 사천으로 올라와 육촌형댁으로 가서 커피와 음료수를 함께 나눈 뒤에 부산 조카 부부는 나를 사천읍에 내려 주고 내년 봄 기일에도 오자는 말을 나눈 후 부산으로 향했다. 진주역이 아닌 사천읍에 내린 연유는 사천이 고향이며 이곳서 초.중학교를 졸업 후 고등학교는 서울로 유학 와서 3년을 같이했던 친한 동창생을 만나 보고자 함이었다. 이 친구는 중학교 졸업 시 전교 1, 2등을 하여 당시 담임과 주위 친척의 권유로 모교인 고등학교에 입시를 치르고 유학을 왔다. 서울 고등학교에서 잘 적응을 못하고 방황도 하였다고 졸업 후 함께 술자리에 앉으면 학창 시절을 이야기하곤 했다.

나는 부산에서 30대 후반까지 직장 생활을 하고 이어 해외로 나갔다. 근 8년 해외 생활을 하고 귀국 후에도 상당 기간 이 친구를 못 만나다가 2010년대 들어서 10여 명 동창들이 매달 1회 모여서 수도권 지역 위주로 산행을 한다는 연락을 받고 나가니 이 친구가 있었다. 그때부터 근 10년 가까이 함께들 만나고 산행도 하다가 친구는 7~8년 전 고향 사천으로 내려와 현재에 이르고 있는데 낙향 후 오늘 처음 나와 만난 것이다. 해방되던 해 첫 문을 열었다는 유래 깊은 읍내 소재 진주식 냉면집에서 이른 저녁을 하면서 그간 얘기를 듣고 또 나누었다. 친구는 내려와서 부친이 물려 준 땅에서 자작으로 농사도 짓고 또 환갑이 넘어서 귀향을 했어도 주위 고향 친구, 후배들이 일자리도 챙겨주고 하여 생활하는 데는 지장이 없었다고 했다. 하지만 3년 전 뇌졸중으로 쓰러져 -근 20년 전부터 고혈압약을 복용해 왔다고- 진주시 큰 병원에 실려 가서 석 달 넘게 입원. 약물보다는 자신의 의지로 많이 치유되었으나 멀리 걷는 게 안되고 장거리 여행도 삼가다 보니 서울에 올라올 수 없는 형편이라고 했다. 저녁 식사 후 동네 친구 후배 여동생이 운영하는 카페에서 차를 나누고 가지고 내려간 만해 한용운 선생의 일대기를 1, 2권으로 쓴 신간 소설책과 색다른 선물 한 가지를 주고 일어났다. 상경해서 가까운 몇몇 동창들 보게 되면 사천 친구 안부 전해주마하고 또 내년 봄에 내려오면 다시 보자고 했다. 기차 시간이 촉박하여 택시를 불러 타고 속도를 내어 진주역에 도착하니 출발 10분 전 이었다. 내려올 때는 별로 몰랐는데 올라가는 야간열차의 세 시간 반은 상당히 지루하고 엉덩이가 배겨 여행에 상당히 어려움을 겪었다. 서울역에 내려 전철로 집으로 오면서 오늘 하루를 돌아보니 우리 전통문화인 조상과 일가친척에 대한 부분들, 친구가 그간 자신의 건강 문제로 고생한 걸 듣고선 뭐니해도 건강이 제일이니 나 또한 늘 건강에 유념하며 생활해야겠다는 것, 오늘 하루 교통비 식사비 커피 등 비용이 30만 원이 훌쩍 넘게 나갔어도 나름 해야 할 일을 했다고 생각하니 3만 원 지출보다 무게가 가볍게 느껴졌다.

강원도 정선과 영월에 갔다 오다

 5월 7일 오전 9시 서울 강북 친구와 함께 열차로 서울역 출발하여, 10시 40분에 평창군 진부역에 도착하였다. 평창동계올림픽으로 인해 서울서 강릉까지 고속철도 개설한 것으로 알고 있고, 진부역사 앞에 대형 입체형시설물로 '2018년 평창 올림픽'이라고 경사진 잔디 위에 설치되어 있었다.
 귀촌한 친구는 정선읍에서 차를 가지고 마중 나와 반갑게 우리 두 친구를 맞아 주었다. 차로 이동하며 진부면을 지나다 보니 면 단위에서도 신형 아파트군이 여기저기 보이고, 거리도 도시화되어 흔히 말하는 '역세권'을 실감할 수 있었다. 평창 동계올림픽 당시 북측 고위 대표진이 남측을 방문하면서 평화 모드로 남북 교류가 활성화되리라는 기대가 있었으나, 그로부터 수년 뒤 현재 북이 남을 제1의 적국으로 명시하고 완전히 단절한 상태가 되었으니 참으로 안타깝다.

 정선읍으로 가는 도로변에 높이 약 130미터의 외줄기 폭포인 '백석폭포'가 있어 잠시 멈추어 장관을 구경하는데, 마침 지나가는 경찰차가 정차하여 사진 촬영을 부탁하니 친절하게 응대해 주었다.

서울 친구는 폭포 건너편 길가의 슈퍼에서 옥수수 막걸리를 구입하고 다시 차를 타고 정선읍을 향해 내달렸다.

정선읍 내에서 열리는 그 유명한 5일 장을 둘러보고 곤드레, 취나물, 고사리를 말려 비닐 포장한 것을 구입했다. 점심은 날씨도 쌀쌀한 관계로 1965년에 개점했다는 간판의 식당에서 뜨끈한 민물메기매운탕으로 해결했다. 시장 식당에서는 저녁 식사용 능이오리백숙을 7만 원에 포장하여 구입한 후, 읍에서 차로 20여 분 거리의 정선 친구 집으로 향했다.

인천에서 반평생 넘게 거주하던 동창이 작년 가을 정선으로 귀촌하게 된 연유는 청장년 시절 몇몇 직장 생활 후 자영업도 했지만 큰 재미를 느끼지 못해 털고 일어 섰기 때문이다. 노년 초입에 들어서며 회사 택시 운전을 몇 년간 하다가 근래에는 아파트 경비직으로도 수년 근무하였다. 내가 재작년에 경비직에 근무하게 된 것도 이 친구의 권유와 조언 덕분이었다. 2년 전쯤 구순 되신 친구의 모친이 세상을 떠나고, 한강 변에 있던 모친 소유 중형 아파트를 처분하여 형제들 간에 분배히게 되었는데, 친구에게도 몇억이 손에 들어오게 되었다. 이때부터 귀촌 준비를 한다며 경비직도 그만두고 틈날 때마다 지방 소도시나 군 단위 농촌 지역을 돌아보며 거처를 알아보다가, 정선읍 외곽에 거의 폐가에 가까운 농촌집을 구입했다. 작년 가을, 인천에서 이곳으로 이사와 본인이 한 달 넘게 집 외벽 손질과 실내 도배까지 손수하여 깔끔하게 새 단장을 하였다.

정선 친구 집에 가니 '아리'라는 이름의 강아지가 꼬리를 흔들며 반갑다고 짖어댔다.

내가 집들이 선물용으로 사서 가져간 조니워커 위스키를 두 친구가 오후 서너 시부터 따르기 시작하여 이런저런 이야기를 나누다 보니 저녁 식사 시간이 되었다. 능이오리백숙으로 위 속의 알코올을 다스려 가면서 위스키병을 거의 비우고 집에 있던 소주 두 병도 빈 병으로 만들었다. 이어 폭포 앞 슈퍼에서 사 온 정선 옥수수 막걸리 두 통까지 비우니 밤 10시가 다 되었다. 두 친구는 혀가 꼬부라져 가는 것 같아 내가 잠자리를 청하자, 그때 사 셋은 눈을 붙이고 밤을 보내게 되었다.

이튿날 아침, 라면 국물로 해장을 한 후 정선 친구 차로 이동해 이웃한 영월군에서 일하고 있는 형을 방문해 만났다. 형과 차를 마시며 며칠 전 내가 아버지 기일에 사천 종중 묘역에 다녀온 이야기도 전해 드렸다. 이후 다시 정선으로 돌아와 서울 친구는 33년 전 정선 아리랑의 발상지인 여량면 아우라지역-두 물줄기가 하나로 어우러진다는 의미-부근에 친구가 사 두었던 400여 평의 땅을 서울에서 6년 만에 내려와 확인해 보았다. 또 현 친구 토지에서 옥수수를 심어 농사하는 사람과 만나 그간의 이야기도 나누었다. 면사무소 앞 도로에서 친구의 토지까지 좁은 진입로가 있는데, 인근 주민들이 길 폭이 좁다 하여 기존 토지에서 1미터 남짓 넓히고자 동의를 요청해 와서 친구는 이에 응해주었다고 한다.

작년 가을, 정선 친구의 현재 농촌집을 구입할 때 소개한 읍내 공인중개소 사장이 서울 친구 토지도 매매가 이루어지도록 중간 역할을 하겠다고 나서는 상황이었다. 33년 전 3천만 원을 주고 산 토지가 과연 지금은 다섯 배나 올랐을까? 하며 친구는 큰 기대를 하지 않았다.

1970년대 정선 탄광에서 석탄을 수송할 목적으로 세워졌던 아우라지 역은 기차가 운행되는 정선 5일 장이 열리는 날 외에는 레일바이크 시발점으로 외지 관광객도 찾는 장소이다. 역 앞에는 군청에서 관광객 상대로 '주례마을'이라는 소단지를 조성해 몇 개의 식당과 카페가 입주해 있었다. 군청에서 임대하여 영업하기에 식대가 비싸지 않아, 나는 곤드레밥을, 친구는 어제 과음 탓인지 조랭이 칼국수에 맥주 한 병도 곁들여 점심을 했다. 정선 친구는 어제 과음으로 점심을 사양하고 길가 차 안에서 잠시 눈을 붙이겠다고 했다. 식당 주인 아주머니는 경기도에서 왔는데 남편 사업이 기울고 아들 하나도 다 키웠으니 농촌으로 오면 수도권보다 생활비도 적게 들 거 같아 이곳에 내려와 자리 잡고 산다며 식당 영업을 통해 그냥저냥 생활은 하고 있다고 했다.

점심 후 진부역에서 오후 7시 출발 서울행 기차표를 오후 5시 차로 변경하려고 역에 사전 전화 문의하니, 5시 출발 열차 시간까지 여유 있게 역에 오면 변경할 수 있다고 했다. 정선 친구는 과음으로 피곤한 듯해 나전역 앞에서 3시 40분에 출발하는 진부역 행 공영버스를 타기로 했다. 정선 친구에게 나전역 앞에서 내려 주고 집으로 가도록 했다. 나전역 앞에서 약 한 시간 동안 버스를 기다리며 근처 슈퍼에서 큰 캔맥주와 마른안주를 사서 인근 소공원에서 마시며 시간을 보냈다. 소공원에서 아이들 서너 명이 함께 놀기에 너희는 몇 학년이냐고 물으니 4학년이라 하고, 한 반에 몇 명이 있느냐고 하니 6명이라고 했다. 70~80년대에는 비록 면 단위라도 한 반에 20명 정도는 있었을 텐데, 앞으로 10년 후면 과연 한 학급에 몇 명이나 있을지 인구 절감을 피부로 느끼는 오후였다.

공영버스를 타고 진부역에 도착하니 전화 문의와 달리 5시 서울행 열차는 입석만 있다고 해서, 그 40분 뒤에 오는 열차는 좌석이 있어 이를 이용하기로 했다. 시간이 남아 역사 내 편의점에서 친구가 막걸리 두 병을 구입했는데, 한 병은 토속 막걸리라며 1만 4천 원이었다. 나로선 그처럼 고가의 막걸리 처음이었다. 역사 밖 쉼터에서 2,500짜리 막걸리는 나는 한 잔만 마시고 나머지는 친구는 비웠다. 열차에 올라 피곤이 몰려와 나도 친구도 7시 반 서울역 도착까지 잠들었다. 친구는 서울역사에서 정선에서 못 산 부인에게 줄 선물로 오방떡을 구입하는 걸 보고는 다음을 기약하기로 하고 헤어졌다.

　전철로 인천 집에 도착해 저녁 식사를 하며 지난 이틀을 되새기다가 '친구 따라 강남 간다'던 말이 떠올랐다. 저녁 후 정선 친구에게 문자를 보냈다. 아우라지역 앞 슈퍼에서 물으니 정선에서 흐르는 강가에서 메기, 장어 낚시를 할 수 있다는 말을 들은 게 기억났다. 낚시가 취미인 정선 친구에게 주중에 두어 번이라도 낚시를 가라고 권유하였다,

　정선 친구는 마을 이웃 주민이 노는 땅이 있으니 소일거리도 되고 운동도 될 겸 고구마든 옥수수든 토마토를 심어 길러 먹으라고 했지만, 농사일은 별로 내키지 않는다고 했다. 인천에 남아 사는 친구 부인은 작년 초여름부터 1년여 치과 치료를 받아야 해서 올여름에나 정선에 합류할 예정이라고 한다. 농촌에 혼자 있다보니 결국엔 매일 술이나 마시게 된다고 하여, 그러지 말고 취미도 살리고 시간도 보낼 수 있는 낚시를 해보라고 문자를 보냈던 것이다

　정선에 다녀오고 며칠 뒤, '지방 소멸 막아라...귀농자 규제 확 푼다'라는 기사를 관심 있게 읽었다. 정부가 인구 감소와 고령화로 인한 지방 소멸 위험을 낮추기 위해 불필요한 귀농 규제를 대폭 완화하기로 했고. 도시 은퇴자들의 귀농을 유도해 초고령화 사회 진입에 대비하고, 농어촌에는 인구 유입으로 활력을 불어넣어 두 마

리 토끼를 잡겠다는 구상이었다.

  나아가 2030 청년들이 농촌으로 와서 혁신적 마인드로 또 신농법으로 농업에 종사할 수 있도록 정부의 과감한 주택과 농지 및 편의 시설 지원이 필요한 시대이다. 그 이유는 자명한데 가장 심각한 지표는 바로 우리나라 식량자급률. 1980년에 56%였던 식량자급률은 1995년에 절반인 28%로 줄어들고 2020년에는 21%까지 떨어졌다. 기후 위기 시대에 따르는 식량 위기를 대비 못하면 국민 경제 위기로 국가 안보와도 연계가 되는 중차대한 사안이니 국가의 우선 정책으로 우리의 먹거리는 우리 손으로 최대한 생산을 해야 한다.

  몇 년 뒤에 나 같은 노인네도 정선이나 영월로 귀농 못 할 것도 없다. 단, 어느 정도 정부 지원이 있으면 결행에 큰 주저함이 없을 것으로 본다. 문제는 강원이나 충북, 경북 등 내륙 농촌 지역에 일반 병원이나 요양 병원 같은 의료 시설이 미비하고, 문화 시설도 부족한데 이를 보완할 정책 시행이 필요하다는 점이다. 더불어 노인복지주택 분양제도를 마련한다면 도시의 정년퇴직자나 노인들이 귀촌·귀농을 마다할 이유가 없을 것이다.

인천에서 디아스포라 영화제 열리다

지난주 닷새간 제12회 디아스포라 영화제가 인천에서 **열렸**다. 이 영화제는 작년에 사 나로선 처음으로 인천에서 열리고 있다는 걸 알고서 관심 가지게 되어 영화제 기간에 한 편의 영화라도 본다는 것이 그냥 지나쳐 버리게 되었다. 해서 올해는 본 영화제를 놓치지 않고 시간을 내어 하루 한편씩 최소 세 편은 보겠다고 마음을 다잡았다.

디아스포라(Diaspora) 원래 의미는 '흩어짐'의 뜻으로, 지금의 이스라엘 이외의 지역에 살면서 유대적 종교 규범과 생활 관습을 유지하는 유대인을 이르는 말이다. 그렇지만 이제는 세계 각국에서 전쟁, 기아, 인권탄압 등으로 인해 타국으로 넘어가 사는 사람들을 일컫는다. 코리안 디아스포라는 구한말 일제강점기에 만주와 간도 지역으로 넘어가 살게 된 지금의 중국 내 조선족, 연해주에서 다시금 중앙아시아로 넘어가게 된 고려인, 일본으로 건너가 살게 된 재일조선인 그리고 120년 전 인천 제물포에서 배 타고 하와이 사탕수수밭으로, 멕시코 용설란 농장으로 그곳에서 다시금 쿠바로 넘어가 정착하게 된 조선인 후손들 역시 조국을 떠난 디아스포라이다.

  올해 영화제는 전 세계 29개국에서 장편 45편, 10분대에서 20분대 상영시간의 단편 30편 총 75편의 초대작으로 구성되었다. 한국 최초의 극장으로 불리는 동인천의 애관극장을 비롯해 모두 세 공연장에서 사전 예약을 통해 무료 관람으로 이루어졌다. 올해 상영되는 작품을 통해 부디 공존의 희망을 나눌 수 있는 기회가 되길 바란다고 주최 측에서 개막 소감을 전했다. 올려진 장편 45편 중 작년 시중 극장에서 본 고령의 켄 로치 영국 감독의 마지막 작품으로 알려진 '나의 올드 오크(The Old Oak)'와 청년 시절 TV 주말 영화 시간에 보았던 기억이 있는 1949년도 작인 이탈리아 비토리오 데 시카 감독의 '자전거 도둑' 두 편이었다.

  첫 번째 보기로 한 작품이 '뜨거운 태양 아래서'(The Dupes)이다. 근년에 고인이 되신 재일조선인 지식인 서경식 교수의 추천작 6편 중에 한 편이다.
  팔레스타인 작가 가산 카나파이의 원작 소설 '태양 속의 남자들'(1963)을 영화화한 작품이다. 영화는 1948년 이스라엘 건국 선언 이후 전쟁과 추방을 겪은 팔레스타인 난민 세 명의 남자 이야기를 다룬 영화다. 주인공으로 초로의 농부, 저항 정신의 소유자인 청년과 10대의 소년이다. 가난과 절망에서 벗어나기 위해 쿠웨이트로 밀입국을 시도한다. 이 셋은 사막의 뜨거운 태양 아래, 자신들을 쿠웨이트로 데려다줄 트럭 운전사를 고용하여 국경을 넘으려 한다. 영화는 그들의 여정을 통해 인간의 고통과 회복력, 그리고 끊임없는 존엄성 추구를 그린다.

이 영화는 실향, 상실, 배신, 절망 속에서도 인간의 존엄을 잃지 않으려는 노력과 희망을 다룬다. 반세기 전 팔레스타인 난민들이 겪는 비참한 현실을 통해 정치적, 사회적 시스템이 이들을 얼마나 실망시켰는지를 비판한다. 오늘날의 팔레스타인에서 일어나고 사태와 겹쳐 보인다. 더 나아가 전 세계 난민들의 실존적 곤경을 강조하며, 관객들에게 깊은 공감을 불러일으킨다. 하지만 우리 젊은 이들에게 아쉬운 점은 미국 컬럼비아대 학생부터 시작하여 미 전역 주요 대학에서 반이스라엘 구호에 팔레스타인을 방치하지 말라는 연이은 시위로 수백 명이 체포되어 갔어도 한국의 대학생들은 이런 이.팔 사태에 관한 대자보 한 장 붙이지 않고 묵언수행하고 있다는 게 안타까울 뿐이다.

우리로선 접하기 쉽지 않은 시리아 영화로서 감독은 현실주의적인 접근 방식을 통해 감정적 영향을 극대화한다. 흑백으로 이루어진 황량한 사막 풍경은 등장인물의 황폐함과 절망을 상징적으로 표현하며, 원거리와 근거리 촬영을 활용해 캐릭터의 내면을 세밀하게 포착한다. 이러한 연출 기법은 관객들이 주인공들의 고통과 결단력을 더욱 생생하게 느낄 수 있게 한다.

'뜨거운 태양 아래서'는 난민의 경험을 냉철하게 묘사하여 출시 당시 비평가들로부터 호평을 받았다. 이 작품은 아랍 영화의 중요한 작품으로 간주되며, 목소리조차 낼 수 없는 사람들에게 목소리를 제공하고 중동 역사의 비극적인 장을 펼쳐 보인다. 오늘날에도 여전히 관련성이 있으며, 전 세계적으로 계속되는 난민 위기를 목격하는 이 시대 관객들의 공감을 불러일으킨다.

이 영화를 보고 난 후, 나는 팔레스타인 난민들의 비참한 현실과 그들의 끊임없는 존엄 추구에 감동을 받았다. 특히, 재일조선인 고 서경식 교수는 1970년대 말 무렵 카나파니의 원작 소설을 읽으면서 작은아버지를 즉각적으로 떠올렸다고 고백한다. 서 교수의 작은아버지 또한 소설 속 팔레스타인 난민들처럼 밀항자였기 때문이다. 일본의 패전 이후, 이전에는 큰 문제가 되지 않았던 조선과 일본 사이 오가는 통로가 닫혀버리자 작은아버지는 소형 어선의 기관실에 숨어 일본의 형님을 찾아 몰래 밀입국했다. 혹시라도 발각이 될까봐 기름이 담긴 드럼통에 목까지 담가 숨었다고 한다. 서 교수는 그때의 기억을 다음과 같이 술회했다. "카나파니의 '태양 속의 남자들'을 읽자, 나는 어렸을 때의 비밀스러운 기억이 갑자기 되살아났다. 탱크로리의 빈 탱크에 숨어들었던, 그리고 어선의 기관실에 숨어들었던, 살기 위해 경계를 넘어서려 했던 팔레스타인 난민과 작은아버지. 그런 작은아버지의 존재가 나에게는 '나는 누구인가?'를 생각할 때 중요한 좌표축이었다."고 했다.

영화의 세 남자는 뜨거운 사막 위 트럭의 빈 물 칸에 숨어 있다가 우여곡절 끝에 트럭은 국경을 넘어 쿠웨이트에 도착하나, 이들 모두는 물 칸에서 뜨거움을 못 이겨 결국 운전사에 의해 시체로 발견된다. 세 구의 벌거벗은 시체는 화면에서 저 멀리 쿠웨이트 아파트 단지가 보이는 도시 외곽의 쓰레기 하치장에 벌거숭이 몸뚱이로 버려진다. 트럭은 유유히 소음을 내고 떠나는 장면으로 끝난다. 이 영화를 통해 난민 문제에 대한 더 깊은 이해와 공감을 가지게 되었으며, 그들의 이야기를 잊지 않고 기억해야겠다는 마음이다.

두 번째 본 영화 아그니에슈카 홀란드(Agnieszka Holland) 감독의 '푸른 장벽(Green Border)'이다. 유럽에서 2023년에 개봉된 신작으로 상영시간이 2시간 반이나 된다. 현재 진행형인 폴란드와 벨라루스 국경에서 벌어지는 난민 위기를 다룬 작품이다. 영화는 시리아 난민 가족, 아프가니스탄 영어 교사, 폴란드 국경 수비대 등의 이야기를 통해 난민들이 겪는 참혹한 현실을 생생하게 그려내고 있다.

영화는 난민들이 EU로 쉽게 통과할 수 있다는 거짓된 주장에 속아 벨라루스로 유입되는 장면으로 시작한다. 벨라루스 대통령 루카셴코의 계획 아래 난민들은 폴란드 국경으로 밀려 나가며 혼란과 고통을 겪는다. 영화는 흑백 촬영 기법은 영화의 암담한 분위기를 한층 더 강조하며, 관객에게 몰입감을 더해준다.

영화는 난민들에게 도움을 주려는 활동가들의 헌신과 노력도 조명한다. 이들이 직면한 도덕적 딜레마와 어려움을 사실적으로 그려내며, 영화의 복잡성과 인간미를 더한다. 난민들의 여정에서 중동 난민들의 절박함과 유럽으로의 진입이 얼마나 고통스러운지를 적나라하게 보여준다. 벨라루스와 폴란드의 국경을 넘는 과정에서 난민들이 겪는 위험과 불안감은 관객으로 하여금 깊은 공감을 불러일으킨다.

영화에서 주인공에 가까운 폴란드 국경수비대원은 신혼으로, 그의 아내는 임신 중이다. 그는 숲이 우거진 국경 철조망을 통해 벨라루스에서 넘어오는 난민들을 체포해 다시 벨라루스로 돌려보내는 임무를 맡고 있다. 양측 수비대는 끊임없이 난민을 넘기고, 수색해 체포한 후 다시 넘기는 일을 반복한다. 이 과정에서 폴란드 국경수비대원은 점점 자신의 임무에 회의를 느끼기 시작하고, 아내는 그에게 그런 일을 이제 그만 두라고 설득한다.

영화의 말미에는 시리아 난민 일가족이 여러 차례 양측 국경선을 넘어서다가 곧이어 체포되길 반복한다. 이 가족 중 아들 한 명은 수비대를 피해 도주하다 사망한다. 이 난민 가장의 동생은 수년 전 스웨덴으로 넘어가 자리를 잡고 있었고, 그는 형 가족과 재회하기 위해 스웨덴에서 화물 운반 택시를 폴란드 소도시로 보낸다. 휴대폰으로 서로 연락하며 우여곡절 끝에 난민 가족은 동생이 보내준 승합차 형 택시에 오른다. 세 가족은 택시 화물칸의 위장용 상자 안쪽에 몸을 숨기게 된다.

이들이 스웨덴으로 향하기 위해 폴란드 국경을 통과할 때, 고뇌하는 국경수비대원이었던 자가 2인 1조 초소 경비요원으로 재등장한다. 그는 검문을 위해 택시 뒷문을 열고 위장용 상자를 헤쳐본다. 상자 더미 뒤에 숨어 있는 가족 세 명을 발견한 그는 아무 말 없이 상자를 제자리에 세워놓고, 동료 요원에게 이상 없음을 알리며 택시를 통과시킨다.

영화는 러시아의 침공으로 전쟁 초기 우크라이나에서 폴란드로 넘어오는 난민들을 거의 무제한으로 받아주는 폴란드 정부의 시책을 보여주며 끝이 난다. 약 200만 명의 난민이 폴란드 국경을 넘는 당시 상황 중 한 장면에서, 국경 초소에서 택시에 숨어 있던 3인 가족을 묵인하고 통과시킨 초소 경비요원이 다시금 등장한다. 그리고 난민을 각 도시로 배분해 이동시키는 버스 앞에서 안내를 맡는다. 어린아이들, 심지어 케이지에 들어 있는 반려견을 받아서 옮겨주는 친절한 폴란드 요원의 모습으로 영화는 막을 내린다.

영화를 보며 분단된 이 땅에서 그간 탈북하여 넘어온 숫자가 3만 명이 넘는다. 하지만 너무 적은 수이다. 이보다 열 배, 스무 배 넘게 넘어와서 자유와 인권을 누리고 함께 살아가야만 하는 같은 땅 위의 디아스포라 아닌 디아스포라이기 때문이다.

이 영화는 정치적 판단을 요구하며, 현재의 난민 문제에 대한 긴급한 정책 변화를 촉구하는 중요한 메시지를 담고 있다. 우리나라는 유럽과 달리 해외 난민 유입의 문제는 비켜있으나 동족인 북한이탈 주민을 받아들이고 대한민국에서 적응해 가며 삶을 개척해 나가는 일에 관심을 가지고 협조해야 한다고 생각하게 되었다.

세 번째로 본 영화는 '판문점'이었다. 지난 이틀간 관람한 영화가 외국 영화여서 한국 영화를 선택했는데 이 영화가 디아스포라 영화제 마지막 날 마지막 상영되는 영화라고 안내원이 귀띔을 해주었다.

다큐멘터리 영화로 상영시간은 90분이다. 제작을 뉴스타파에서 했다는 게 색다르게 다가왔다. 한반도에서 가장 긴장된 지역 중 하나인 판문점의 역사적, 군사적, 외교적 중요성을 보여주기 위한 영화이다. 영화는 판문점의 역사적 배경, 지리적 특징, 주요 시설, 그리고 이곳에서 벌어진 중요한 사건들을 중심으로 전개된다.

판문점(Panmunjom)은 한반도의 군사분계선(Military Demarcation Line, MDL)에 위치한 장소로, 대한민국과 조선민주주의인민공화국(북한) 사이의 휴전선 역할을 하는 지역이다.

역사적 배경으로 1950년 6월 25일에 시작된 한국전쟁은 1953년 7월 27일 판문점에서 정선협정이 체결되면서 잠정적으로 중단된 후 어언 70년이 흘렀다. 이 정전협정은 남북 간의 무력 충돌을 멈추고 군사분계선을 설정하는 중요한 계기가 되었다. 판문점은 이 정전협정이 서명된 장소로서, 한반도의 군사적 긴장을 상징하는 중요한 지점이 되었다.

휴전 협상은 1951년 7월 10일 개성에서 시작되었다. 초기 협상은 경계선, 포로 교환, 외국군 개입 등 이었는데 근본적인 문제에 대한 깊은 불신과 날카로운 불일치로 장기 교착상태에 빠졌다. 몇 차례 회담 후 유엔군 대표 측에서 적군의 지역에 들어가서 협상하는 게 쉽지가 않다면서 중립적 장소인 판문점으로 변경한다. 판문점은 서울에서 북쪽으로 약 50km 떨어진 곳에 위치해 있으며, 군사분계선을 걸쳐 있는 중립 지역이다.

휴전협정 당시 '리틀 스위치'와 '빅 스위치 작전'이 있었는데 1953년 4월 '리틀 스위치 작전'을 통해 병자와 부상자 포로 교환이 이루어지며 협상에 돌파구가 마련되었다. 남한과 북한에 억류 되어 있는 전쟁포로의 상호 송환 문제는 가장 논란이 되는 문제 중 하나였다. 유엔사는 포로들의 자발적 송환을 제안했으나, 북한과 중국은 강제 송환을 요구하며 교착상태가 지속되었다. 동년 6월에 이승만 대통령이 거제도 반공포로를 미국과 협의도 없이 석방하므로 미국과 갈등을 빚었다. 이후 '빅 스위치 작전'을 통해 휴전협정이 체결된 후에 모든 포로의 교환이 가능해졌다. 남한에 있었던 포로들 중에는 북한으로 돌아가기도 거절 또 남한에서 거주도 거절한 포로들이 중립국으로 가길 원했는데 이중 88명이 인도를 택하여 향했다. 이들과 그 후손들이 지금엔 어떻게 살고 있을까? 하는 궁금함이 내 머리 속을 스쳐 갔다.

휴전 협상 시 남북한 교전 지역을 기점으로 하여 북으로 2km, 남으로 2km 총 4km의 완충 지대를 휴전선으로 하여 정전협정을 체결키로 하였다. 이로인해 양측 간의 치열한 공방을 통해 한 치의 땅이라도 더 차지한다는 목표로 전투를(고지전) 하다가 보니 매일 사상자가 많이 발생했다. 임진강 어귀에서부터 동해안 백사장까지 휴전선을 그은 당시 지도상에 동해안 일대가 Sea of Japan(일본해)이라고 영문 표기된 것을 사용하고 있어 당시 국력의 약함이 너무 아쉬웠다. 그리고 4km의 비무장지대가 아니고 과거 동독과 서독을 갈라놓았던 베를린 장벽 같은 것으로 남북 간 분단 시설을 해 놓았다면 우리도 통일을 위해 국민들이 나서 이런 장벽을 허무는 일도 시도해 볼 수 있었겠다는 생각을 해보았다.

내가 태어나기 몇 달 전 1953년 7월 27일 남한군 대표는 빠져 있고 유엔군, 북한군, 중공군 대표 간에 판문점에서 휴전협정이 이루어졌다. 휴전협정은 남북 간의 전쟁 상태가 아직 종료되지 않았음을 의미하는 임시적인 정전 상태를 규정하는 협정이었다. 따라서 판문점은 남북한의 지속적인 긴장을 상징하는 장소가 되었다. 현재 이곳에는 유엔사, 대한민국군, 북한군이 각각 주둔하고 있으며, 정전협정의 이행을 감시하는 중립국 감독위원회도 이곳에 있다.

영화에서 유엔사 소속 소령 계급의 장교가 방문객들을 위해 설명을 하는데 주요 시설로는 공동경비구역(JSA)으로 판문점 내에서 가장 주목받는 장소로, 남북한 군인들이 물리적으로 가장 가까운 거리에서 대치하고 있는 지역이다. 특히, 'T2' 건물은 남북 회담이 자주 열리는 장소로 유명하다. 그리고 자유의 집(Freedom House)은 남한측에 위치한 건물로 다양한 회담과 행사가 열리는 곳이다. 판문각은 북한 측에 위치한 건물이다.

판문점의 역할로는 남북 간의 회담 장소로 주로 사용되며, 여러 차례의 중요한 남북 회담과 외교적 사건들이 이곳에서 발생했다. 예를 들어, 2018년 4월 27일에는 문재인 대통령과 김정은 위원장이 이곳에서 만나 정상회담을 했다. 이 회담은 한반도의 평화와 협력을 논의하는 중요한 계기가 되었다. 그렇지만 이제는…

남북한의 중간을 가로지르는 비무장지대(DMZ)는 세계에서 가장 요새화된 국경 중 하나가 되었다. 이 속에 위치한 판문점은 현재 관광지도로 개방되어 있어, 일정한 절차를 거쳐 일반인들도 방문할 수 있다. 관광객들은 공동경비구역(JSA)을 방문하여 남북한의 경계선을 직접 눈으로 볼 수 있으며, 역사적인 장소들을 둘러볼 수 있다. 북한으로 입국한 외국 관광객에겐 역시 이곳이 중요한 관광지인데 우리로선 분단의 한스러움과 아픔이 서린 곳이 관광지로 자리매김했다는 게 마음이 무겁다.

5월 끝 날 지구를 생각하며

5월은 가정의 달이다. 5월처럼 국내는 물론 국제적 기념일이 많은 달은 없을 것이다. 월 시작 첫날부터 근로자의 날에 이어 어린이날, 어버이날, 유권자의 날, 입양의 날, 동학농민혁명 기념일, 발명의날, 부처님오신날, 스승의날, 5.18 민주운동기념일, 성년의날, 부부의날 그리고 달력 끝 날엔 세계 금연의 날과 바다의 날로 마친다.

나는 경남 사천 남해안 지역에서 태어나 20대와 30대는 부산 광안리와 해운대 거주하며 직장 생활을 했다. 그 후 호주 멜버른으로 가서 3년간 공부하며 체류에 이어 유럽으로 가서 5년간 살다가 귀국하여 인천에서 지금껏 거주하길 근 30년에 이른다. 소위 국내와 국외 해양도시에서 거의 평생을 살아왔다고 해도 과언이 아니다.

어릴 적 학교에서 배웠던 게 '바다'라 하면 지구 표면의 7할을 차지한다는 것이다. 그리고 반세기 전만 해도 바다는 지구에서 인류가 배출하여 쏟아져 나오는 대부분의 것을 흡수, 처리해 주는 역할을 한다고 했다. 바다는 인류가 배출한 오염물질을 희석시켜 왔던 것처럼 이산화탄소와 열을 흡수하면서 온실 효과도 완화 시키며 왔다. 그러나 이젠 인간의 무분별한 개발과 소비로 인해 바다와 지구 환경은 심각한 위기에 처해 있다. 매년 약 800만 톤의 플라스틱 쓰레기가 바다로 유입되며, 이는 해양 생태계와 인간 건강에 치명적인 영향을 미친다. 플라스틱은 수백 년 동안 분해되지 않으며, 미세 플라스틱 형태로 해양 생물에 섭취되면 먹이 사슬을 통해 다시 인간에게로 돌아온다. 또한, 산업 활동과 농업에서 배출되는 화학물질, 기름 유출, 중금속 등도 해양 오염을 심화시키고 있다.

얼마 전 기사에 전 세계 하수도에 흐르는 의약품이 생태계를 위협해 물고기가 고통받고 있으며 암수 성전환을 일으키고 체내 약물중독 증세까지 있다고 한다. 국제 학술지 '네이처'는 세계 104개국 1,053개 하천 중 43%에서 인체에 해로운 수준의 약물이 한 가지 이상 검출되었다고 한다.

기후 변화는 해양 환경에 큰 변화를 일으키고 있다. 지구온난화로 인해 해수면 온도가 상승하면서 산호초가 대규모로 백화(죽어 하얗게 변색)되고 있다. 산호초는 해양 생태계의 중요한 서식지로서, 수많은 해양 생물이 의존하고 있다. 또한, 빙하가 녹으면서 해수면이 상승해 해안 지역이 침수되고, 바다 염수 침투로 인해 농경지가 황폐화되는 등의 문제도 발생하고 있다. 설상가상으로 인간의 식량 수요가 증가하면서 해양 자원의 남획이 심각한 수준에 이르렀다. 특정 어종이 지나치게 포획되어 개체 수가 급감하고 있으며, 이는 생태계의 균형을 깨뜨린다. 특히, 자국의 해안에서는 물론 오대양을 누비고 다니며 불법 어업으로 인해 해양 생물 다양성을 크게 훼손시키고 있다. 또한, 산호초, 해초 등 해양 생태계의 중요한 구성 요소들도 파괴되고 있다.

일본을 예로 보면 1988년에는 국제적 비난 여론에 떠밀려 상업 포경을 공식 중단했다. 그러나 고래잡이 어부들이 상업 포경을 다시 허용해 달라고 요구하자, 일본 정부는 2018년 국제포경협회 총회에서 1982년 이후 중단된 상업 포경 재개를 제안했으나 부결되자 일본은 2019년 이 협회를 탈퇴하고 상업 포경을 재개했다. 금년에는 기존 3종의 고래 포경 허가에서 대왕고래 다음으로 큰 고래인 멸종 위기의 참고래까지 추가로 허가해 주었다. 지금이 중세 시대도 아니요, 아프리카 난민사태에 이르지도 않았고, 집 밖으로 나서면 먹을 게 천지인 그들일지인데 굳이 고래고기까지.

또 하나의 이웃 국가 중국을 보자. 몇 년 전 언론에 260여 척의 중국 어선단이 에콰도르가 자랑하는 세계자연유산인 갈라파고스 제도 인근 해역에서 샥스핀을 목적으로 상어잡이를 하고 있다고 중국에 강하게 항의하였다. 더 기가 막히고 잔인한 것은 굵은 낚싯바늘에 걸려 올라온 상어를 어선 갑판에서 등과 꼬리지느러미만 칼로 베어낸 후 꿈틀대는 상어를 그대로 발로 밀어 바다로 버리는 것이다. 샥스핀 요리를 위해 연 1억 마리 상어 남획으로 멸종 위기에 처해 있다고 한다. 난 상어는 식용이 아닌 어종이라 여기고 있으며, 귀하고 맛있다는 고가의 삭스핀 요리를 지금껏 먹어본 바가 없다.

지난 5월 하순 인천 녹색연합에서 현장 조사를 통해 대청도와 소청도 일대에서도 점박이물범이 서식하고 있음을 확인했다. 아쉬운 것은 2마리만 발견했다는 것이다. 20 아니 200마리 정도 무리를 이루고 서식하는 모습을 발견했더라면 하는 아쉬움도 들었다. 그나마 안심이 되는 건 녹색연합 측에서 점박이물범의 황해도 해안 서식 개체군은 2019년 기준 1,500여 마리가 서식하고 있으며, 이 중 300~350여 마리가 매년 봄부터 늦가을까지 백령도를 찾아와 머물다가 겨울철에 번식지인 중국 발해만 일대로 이동하며 생활하고 있다고 했다.

바다의 날에 이어 6월 5일은 세계환경의 날이다.
내가 지구 환경 관련 책에서 읽었던 게 기억이. 만약 아프리카 인구 전체가 현재의 유럽인들처럼 현대식 집을 짓고, 실내에는 각종 최신형 가전제품을 사용하고, 각양각색 음식물을 소비하고 또 차를 소유해 이동하게 된다면 이에 소요 되는 제 자원을 충당하기 위해 지구가 2.5개 있어야 한다고 했다.

북태평양 한류로 인해 태평양 한가운데 한반도 면적 10배가 훨씬 넘는 거대한 플라스틱 섬이 있다고 한다. 전 세계 바다에 $1km^2$

당 약 32,000장의 플라스틱이 떠다니고 있다. 이런 걸 거북이가 먹고, 고래도 입을 크게 벌려 먹는다. 새들은 플라스틱을 물어다 새끼에게 먹이로 준다. 또 몇 년 전 스페인 남부 해안에서 길이 10m 넘는 향고래가 죽은 채 발견이 되었는데 사인은 플라스틱이었다. 향고래 배속에 무려 30kg의 플라스틱 쓰레기가 들어 있었다고 한다. 그렇다면 이러한 플라스틱을 제거하는 무슨 방법은 없을까 하는 생각을 나름대로 해보았다. 조선 강국 한국을 비롯하여 세계 10대 부국과 그 외 해양 국가들이 연대하여 수만t급 해양 정화용 선박을 여러 척 개조·건조한 후, 이 같은 쓰레기 해양 지역에 보내어 현장에서 플라스틱을 수거 후 분해는 물론 재생까지도 한다면 이 어마어마한 해양 쓰레기를 얼마라도 줄일 수 있을 거라 본다.

근자에 들어 포항 앞 동해에 대량의 가스와 석유가 매장되어 있을 거라는 급작스런 발표로 연일 갑론을박 떠들썩하다, 2035년에 가서도 다량의 온실가스를 계속 태워 대기로 보낼 수 있을까? 하는 의문이 든다. 그렇다고 좁은 국토에 조금만 이동하면 소도시 대도시가 맞닿아 이어지는 이 땅에 위험을 내재한 원자력발전소 몇 개를 더 신설한다고 해서 과연 그게 안전한 해결책이 될까? 하는 생각도 든다.

심해저층에 시추공 내려 뚫고 들어가면 지층의 이완 변동으로 지진 발생 위험도 있을 수 있고 원유 유출로 해양 오염 가능성도 배제를 못 한다. 그리고 포항 앞 바다 해저층에 시추공을 내리고 하나 뚫는 데 1,000억 비용을 예상한다. 만약 10개 정도까지도 뚫어야 한다면 1조가 훌쩍 넘게 드는 천문학적 비용이다. 차라리 그 비용으로 신재생에너지를 개발·생산하여 일반용이든 산업용이든 필요한 에너지를 조성해 사용한다면 대기하는 기간이 훨씬 짧고, 또 우리에게 안전하고 기후 친화적인 깨끗한 에너지를 제공할 수 있을 것이다.

전 세계 친환경 에너지 전환을 주도하는 RE100(재생에너지 전기 100% 사용)을 놓고 보더라도 한국이 지금처럼 화석 연료에 연연한다면 수출로 먹고사는 우리는 수년 내 세계시장을 잃을 수 있다는 경고를 하고 있다. 정부는 2년마다 15년 치의 전력 수급계획을 세우는데 지난 5월에 나온 계획으로는 2030년 재생에너지 목표가 2년 전 계획과 똑같은 수준이어서 OECD 37개국 중 최하위이다. 2030년 재생에너지 공급 목표는 21.6%로 이다, 한국과 국내총생산이 가장 유사한 멕시코는 2030 재생에너지 목표치 비중이 33%로 우리보다 10포인트 이상 높다.

국내 기업 중 RE100 가입한 기업은 36개, 하지만 한국 회원사들이 가장 큰 어려움을 겪고 있다고 한다. 그 예로 한국 회원사들은 전력의 약 9%만을 재생에너지 공급을 받는 데 전 세계 회원사 평균인 50% 비해 매우 낮은 수준이다, 그리고 정부가 2038년까지 신형 원전 4기를 지어 완성하겠다고 한다. 그렇다면 그때까지 십 수년간 화석 연료로 에너지를 생산해 사용해야 된다는 이야기가 된다.

　그리고 지구온난화 주범인 화석 연료 사용으로 지구 대기는 매년 더워지니 이를 해소해 볼 방법은 재생에너지 개발로 대체하는 것이 관건이다. 남한의 6배 크기의 면적을 가진 프랑스는 작년에 이미 기차로 2시간 30분 내 도착 거리의 도시 간에 비행기를 못 띄우게 하는 법안을 통과시켰다. 한국은 이 자그마한 땅에 총 25개의 공항이 있다. 이 중 승객 이용이 저조한 몇 개의 공항이라도 폐쇄하고 이런 공항 부지와 활주로를 활용해 태양광 발전과 풍력발전 시설을 병행해 놓는다면 우리에게 신재생에너지를 제공해 줄 것이다. 세계 잼보리 유치 지역이었던 새만금 간척지 일부 지역도 공휴지로 묵혀 둘 게 아니라 역시 친환경 신재생에너지 복합 단지 조성도 구상해 볼만 하다.

　국내에 있는 군 골프장은 골프장이라 하지 않고 체력 단련장이라 한다. 이러한 골프장은 국방부 관할 18홀 4개소, 육군 측에 18홀 2개소 9홀 10개소, 해군 측에 18홀 1개소 9홀 4개소, 공군 측에 18홀 1개소 9홀 13개소로 전국 각 지역에 산재해 있다. 한국 국토 면적이 좁다는 거 거짓말이거나 아니면 다시 국토 면적을 측정해 보아야 하는 게 아닌가 싶다. 그리고 각 군 영관급 장교와 장성들 체력단련에 골프 외 다른 스포츠는 없을까? 지금같이 남북이 전과는 다르게 대치하고 긴장 상태인데 여유롭게 골프장에 모여서들 몇 시간을 돌며 샷을 날리는 게 과연 바람직해 보이는가 하는 의문이 드는 게 나만일까? 하는 생각이 든다.

　전국 각 군 산하 골프장 최소한 절반 이상 줄이고, 이런 골프장에 신재생에너지 단지 조성도 하고 아울러 과일 가격이 금값이 되어버린 지금에 그 지역 주민들이나 귀농자들에게 골프장 부지에 과수원을 조성할 수 있도록 하여 부족한 과일 공급과 농가 소득을 올릴 수 있도록 하면 더 좋지 않을까 한다. 특히 '청년 농업인'에게 농지로 지원하여 해당 지자체에서 뜻있는 청년들이 미래를 열 수 있도록 기술적, 물적 지원을 한다면 선진농업 육성에 좋은 모범 사례가 될 것이다. 하지만 이게 다 정치와 연관 된 문제이니 나 같은 백면 서생이 아무리 떠들어 봐야 무엇하겠는가 하는 회의감이 드는 건 어쩔 수 없다.

　나는 소소한 행동으로 환경오염을 개인적으로 줄이는 역할을 한다고 자기만족을 하고 있다. 근 20년째 샤워할 때 샴푸, 바디 세척 용품을 쓰지 않고 단지 물로서만 몸을 닦는다. 비누도 가능하면 손 씻을 때 정도에 사용한다. 샤워할 때 흘러내리는 물을 빈 물통에 담겨지도록 하여 이 물로 바닥이나 변기 세척 시 재사용한다. 세탁기 돌릴 때 가급적 합성 세제를 적게 사용하도록 하고는 있다만 여기서 사용된 하수가 결국 하천을 통해 바다로 들어갈 게 뻔하다. 가전 기기 제조회사에서 합성 세제 투여 없이 물로만 세탁이 가능한 기기를 발명한다면 지구 환경 오염방지에 큰 역할 할 거라는 엉뚱한 생각도 해보곤 한다.

2년 전 여름 북극권 그린란드는 평년에 비해 높아진 기온으로 3일간 180억 톤, 하루 60억 톤의 빙하가 녹아 바다로 흘러 들어갔다. 해양과학자들은 그린란드에 있는 빙하가 모두 녹는다고 가정하면 지구 해수면이 7.5m 상승하는 것으로 추산한다. 내가 사는 인천 땅이 향후 온통 바닷물로 잠길 게 현실로 다가올 거라 생각하면 아찔하다.

세계는 한국을 기후 악당으로 지목한다. 온실가스와 쓰레기 배출량이 세계 최상위권에 속한다. 지난해 한국의 기후 변화 대응 순위가 67개국 중에서 64위다. 한국보다 낮은 3개국은 모두 산유국이라 실상은 우리나라가 꼴찌다. 세계 기후환경단체들의 연대단체인 기후행동네트워크는 '오늘의 화석상'을 영광스럽게? 한국에 수여, 국제 사회로부터 기후 협상의 진전을 가로막는 나라로 찍히게 된 것이다. 즉 기후 악당이 한국이라는 증명서이다. 자간 차파가인 국제적십자사·적신월사연맹(이슬람 국가의 적십자사 별칭. 휘장에 빨간색의 초승달 사용)사무총장은 '폭염은 매년 수만 명의 생명을 앗아가는 조용한 살인자'라며 '실제 사망자 수는 수십만에서 수백만에 이를 수 있다.'고 했으며, 얼마 전 현 유엔 사무총장은 지구 온난화 시대가 끝나고 '끓는 지구의 시대'가 시작됐다며 "인류가 지옥으로 가는 문을 열었다."고 단언을 했다. 한국이 그 문의 문고리를 맨 앞에서 잡고 있다는 걸 부인할 수 없을 것이다.

민주화 성지 광주를 다시금 방문하다

　6월 첫 토요, 일요일 양일간 광주를 7~8년 전에 마지막으로 가본 후 다시금 방문하게 되었다. 내가 인천에서 관여하는 사회단체에서 이미 한 달 전에 오늘 행해지는 광주 수련회 행사가 공지된 후 10명이 참가한다고 신청을 했다. 하지만 그사이 사전 참가 신청자 중 절반이 개인사 등으로 불참하게 되었다는 소식을 전해 듣고 비워지게 된 자리에 벼락참가를 신청했다. 부평역 앞에서 토요일 아침 8시 승용차에 탑승한 3명이 광주를 향해 내달렸다. 다른 3명은 한 가족인데 그들의 승용차로 광주를 향해 출발한다는 전갈을 받았다. 서해안고속도로를 타고 내려가 오후 1시경 광주로 진입하여 시가지를 지나는데 근 8년 전 인천에서 단체로 전세버스 이용해 세 번째 5.18국립민주묘지 방문했을 때보다 지금은 신형 아파트도 곳곳에 서고 도로변도 깨끗하게 변모해 있었다.

　평화통일교육전국네트워크 주최의 수련회인데 올해 내세운 슬로건은 '오월에서 통일로!'이며 후원 단체로는 6.15 광주·전남본부, 전교조 광주·전남지부, 광주시 남북교류협의회이다. 참가자 등록이 한 시간 정도 남아 점심 식사를 위해 행사 장소 빌딩 부근 식당을 찾다가 한 중국 식당으로 들어가 짜장면으로 때우는데 가격이 6,000원 이어서 수도권에서 4~5년 전 가격이 아닌가 싶었다.

수련회장에 들어가니 서울, 인천, 경기 수도권에서 또 전국 주요 도시에서 평화통일 관련 단체 핵심 활동가들 60여 명이 광주로 모였다. 개회식에서 어김없이 '님을 위한 행진곡을' 함께 불렀고, 전임 광주시 교육감 인사말 중에서 요즈음 남북한 모습이 어릴 때 교실 책상 위에 절반으로 나누어 중간에 금을 세로로 긋고 짝끼리 이 선 넘어오면 가만두지 않겠다는 모양새와 흡사하다며, 북에서 오물 담긴 풍선 날려 내려보내다가 이에 남에서 과잉 대응으로 인해 전쟁 발발 불씨가 일어날 가능성도 우려해야 한다고 했다.

이어 광주시 소재 참가 단체 대표 한 분이 광주라는 지역 특성을 말하여 과거 정치사 이야기부터 서두에 넣었다. 그리고선 지금은 어두운 앞날이 놓여있고, 이순신 장군이 12척 배가 남아 있다는 심경으로 민족 화합을 그리며 평화 통일의 방향을 잡고 흔들리지 않고 나아가야 한다고 했다.

동국대 교수의 강연에서 김정은 위원장이 작년 말 노동당 당중앙위 전원회의에서 '북남 관계는 더 이상 동족 관계, 동질 관계가 아닌 적대적인, 전쟁 중에 있는 두 교전국 관계로 고착됐다'라고 선언, 이어서 올 1월 15일 최고인민회의 시정연설에서 '우리 공화국 민족 역사에서 통일·화해·동족이라는 개념 자체를 완전히 제거해 버려야 한다.'는 지시를 했다고 한다. 하지만 북한의 통일정책도 고정불변이 아니라 변화한다는 사실을 명확히 인식해야 하며 지금의 남북비동족 선언과 통일 노선 폐지도 향후 다시 변할 수 있음을 알아야 한다. 북한은 통일 정책에 있어서는 분단 이후 1950년대 혁명적 민주 기지론 주장, 1960년대 과도적 연방제에 경제 문화교류, 1970년대는 과도적 고려 연방공화국에 유엔 단일 가입, 1980년대 고려민주연방공화국에 남과 북의 체제 공존이 통일 최종형태로 외교, 군사 권한을 연방 중앙정부에 이양, 1990년대는 느슨한 연방제로 지역 정부 권한을 점진적으로 중앙정부에 이양과 유엔 동시 가입도 현실적 인정, 2000년대는 낮은 단계의 연방제로 지역 정부가 외교 군사 권한 행사하고 중앙에는 민족통일기구 설치했다. 그러나 이제부터는 연방제 통일 포기하고 남조선 전령토를 평정하기 위한 대사변 준비해야 한다고 했다(미국과 남조선 것들이 끝끝내 우리와 군사적 대결을 기도하려고 든다면). 또 북방한계선(NLL) 불인정을 김정은이 시정연설에서 꺼내어 들며 "우리 국가의 남쪽 국경선이 명백히 그어진 이상 불법 무법의 북방한계선을 비롯한 그 어떤 경계선도 허용될 수 없으며 대한민국이 우리의 령토, 령공, 령해를 0.001mm라도 침범한다면 그것은 곧 전쟁 도발로 간주할 것이다."라고 했다. 이같이 2024년에는 급변하여 '하나의 조선' 통일 노선 폐지 적대적 교전국 관계로 선언하였다.

    올해 들어 북에서 이같이 한다고 남에서 마저 칼을 빼어 나무 자르듯 해버린다면 한반도에는 더욱 어두운 그림자를 드리우게 된다. 다시금 인내를 가지고 북한을 둘러싼 국제 정세 변화와 가까이는 11월에 있을 미국 대선의 결과도 기다려 보아야 한다. 하지만 하노이 북미정상회담 결렬 후 북에서 더욱 핵 개발과 이를 운반할 미사일 개발에 힘을 쏟은 상태라 비핵협상이 전과 같이 순조롭게 진입되지는 않을 거고 북에선 요구하는 사항이 훨씬 많아지고 커져서 상당히 어려운 협상의 길이 되리라 본다.

토요일 저녁 6시 참석자 전원이 광주촛불시민행동 주최 측 요청으로 금남로 시위에 참석하여 1시간 정도 촛불 문화행사에 이어 시가지 행진도 함께 하였다. 광주의 명동 거리를 거닐며 중간중간 1층에 공실이 보이고 어느 건물엔 2층 3층까지도 '임대'라고 붙여놓아서 지방경제가 상당히 안 좋다는 걸 느꼈다. 돌아와서 참석자들이 1박 할 방 배정이 이루어진 후 저녁 식사를 하고선 오후에 조별로 토의한 결과를 발표하였다. 수도권이 아닌 지역에서 온 참석자 몇 분이 내년에 인천에서 전국 모임을 갖도록 하자는 제안이 들어왔다. 강화도는 북한 땅과 근거리여서 분단의 실상을 가까이서 보고 체험할 수 있는 좋은 기회라고 하여 인천 측 참석 대표자도 향후 이를 논의해 보겠다고 화답을 했다. 이어서 후식으로 치킨과 홍어회에 소맥 그리고 향토 막걸리를 곁들이며 광주에서 활동하는 3인조 밴드의 무대로 '아침 이슬', '홀로 아리랑', '사람이 꽃보다 아름다워' 등 몇 곡을 부르니 참석자들도 손뼉 치며 따라 부르고 또 서로들 교분을 가지고 한껏 즐긴 후 밤 10시가 훌쩍 넘어 오늘 일정을 마무리했다.

 이제는 우리 청소년 절반은 통일을 꼭 해야 하는가? 하는 의문을 가지고 있다고는 한다만, 통일을 가장 바라지 않고 영구 분단으로 가길 원하는 나라가 일본이다. 그런 일본을 넘어서기 위해서 남북통일을 이루어 인구 8,000만 국가가 되어야 한다. 통일 초기엔 경제적 혼란과 어려움이 있을 수 있지만 북한의 막대한 지하자원 개발과 러시아와 중국행 철도를 연결하면 섬나라와 다름없는 대한민국은 거대한 두 대륙 국가로 이어지고 유럽까지 경제 교류 영역을 넓혀갈 수가 있다.

 이튿날 아침 8시 아침 식사 시간에 해장하라고 떡국을 끓여 내어 놓았는데 몇몇 참석자들이 아직 숙취가 남은 듯 속을 쓰다듬으며 아침 해장을 하는 모습이 보였다. 9시부터 전체 참석자 두 조로 나뉘어 5.18민주항쟁의 발자취를 지역 해설사의 안내로 금남로를 중심으로 탐방하는 것이 오전 일정이다. 과거 두 차례 광주를 방문하여 5.18민주묘역만 방문해서 참배하고 돌아왔는데 이번은 또 다른 역사 체험을 하게 된 것이다.

 첫 탐방 장소인 5.18민주화운동 기념관에 도착했다. 7층 건물로 지하 1층부터 3층까지는 상설 전시장, 4층부터 7층까지는 자료열람실과 사무실, 세미나실로 이루어져 있다. 기념관에 보관된 기록물은 2011년 5월 25일 유네스코 세계기록유산에 등재되었다. 광주민주화운동 기록물은 민주화운동의 전개와 진압 그리고 이후의 진상 규명과 보상 절차 등의 과정을 담은 4,271권 85만 8904 페이지, 흑백 필름 2,017컷과 사진 1,733장에 달하는 방대한 분량이다. 이를 크게 분류하면

 (1) 국가기관이 생산한 5.18민주화운동 자료
 (2) 김대중 내란음모사건 자료, 군사재판 판결문
 (3) 시민들이 생산한 성명서, 선언문, 취재수첩, 시민들의 일기
 (4) 사진(흑백 필름)자료
 (5) 시민들의 기록과 증언
 (6) 피해자들의 병원치료 기록
 (7) 5.18광주민주화운동진상조사 회의록(국회청문회 기록)
 (8) 국가의 피해자 보상자료
 (9) 미국의 5.18 관련 비밀 해제 문서

기념관 실내에 '1980년 인권기록유산 5.18광주민주화운동 기록물' 표지석 안내판에 쓰여진 '우리는 왜 총을 들 수밖에 없었는가?(Why we had to take the guns?)' 문구가 당시의 상황을 한 문장으로 표현해 주는 것 같았다. 그리고 실내에 지름 40cm 깊이 20cm 정도 크기의 여기저기 찌그러져 있는 양은으로 된 함지박이 놓여있는데, 당시 광주 시가지에서 항거하던 청장년을 위하여 한 할머니가 주먹밥을 만들어 나누어주었던 실물 자료였다.

두 번째로 전일빌딩을 탐방하였다. 금남로에 현존하는 유일한 80년대 건물이라 한다. 이 건물은 당시 전남일보사 건물로 10층인데 2008년도 광주시에서 도시계획으로 이 건물을 철거하고 주차장 시설을 짓는다는 안이 있었으나 기자들이 이 건물에 헬기 사격 흔적이 있다고 또 시민들의 요구로 보존하여 남게 되었다. 당시 이 건물이 광주시에서 가장 높은 10층 건물로 헬기에서 아니면 사격 방향이 위에서 아래로 향한 것은 있을 수 없다. 해서 헬기 사격을 부정해선 안 되고 당시 군부 세력이 주장하는 자위권 발동이 아니라 시민 학살의 증거가 명백함이 드러났다. 건물의 하부층은 문화공간, 카페 등으로 사용하고 9층, 10층에 오르면 전시실과 벽면과 바닥에 남아 있는 기관총탄 자국을 볼 수가 있다.

1층 로비에서 현지 해설사는 광주민주화운동은 80년 5월 18일부터 27일까지 열흘간 일어난 일이다. 신군부가 정권을 잡고서 1981~83년 사이 비둘기 작전이라는 걸 폈다. 유족을 A급에서 F급까지 분류하고 광주에서 일어났던 시민혁명이 묻히도록 5월 중순이 되면 A급 유족은 납치하여 타지역으로 보내어 감금하다시피 격리를 시켰다. 망월동 묘지에 묻힌 사망자를 유족이 파서 이장하도록 당시 아파트 한 채 값에 달하는 돈으로 회유하였다. 이를 통해 유가족들 간의 갈등을 유발시키는 심리전도 펼쳤다. 이는 2016년 진상조사 위원회에 의한 신군부 문건에서 발견되었다고 한다.

세 번째 탐방지는 전남도청인데 도청은 오래전 전남 무안으로 이전 하였고 구 도청사 건물은 대형 가림막으로 가려놓고 보수 공사 중이라 근접하여 볼 수가 없었다.

당시에도 서 있었던 목격자 시계탑은 현재도 건재하게 자리하고 있으며 표지석에는 '시계탑은 알고 있다'로 시작, 이 시계탑은 1980년 당시 전남도청 앞에서 5.18민주화운동 기간 동안 광주 시민의 고난을 지켜보았다라고 적혀있다. 그러한 시계탑에도 우여곡절이 있다. 이 표지석엔 '어느 날 시계탑이 사라졌다'로 시작하고 사연을 적었는데, '시계탑은 알고 있다'란 기사 발간 후 신군부는 1980년대 중반 한밤중에 시계탑을 다른 한적한 광장으로 옮겼고 광주 민주화운동이 35주년이 되는 해인 2015년 30여 년 만에 원래 위치로 옮겨 왔고, 원형 시계가 훼손 되어져 시계탑 상층부에 자리한 광고판 대신에 다시 시계를 넣어서 원래의 모습으로 복원하고 현 위치에 다시 세웠다. 해설사 말로 그런데 이 원래의 자리로 복원되면서 시계탑에 첨단기술이 하나 더 첨가되는데 매일 5시 18분이면 시계탑에서 '임을 위한 행진곡'이 나오고 있다고 하니 지금 노래하는 시계탑은 일종의 5.18 전령사인 셈이다.

12시 되어 근 70명 전국서 모인 회원들이 시계탑 앞에서 단체 사진을 찍고 해산을 했다. 올라오는 차 안에서 의논하길 5.18민주묘역은 과거 방문을 하였으니 새만금 쪽으로 들려가면서 풍광을 즐기자고 하여 찬성에 이르렀다. 서해안 고속도로를 타고 오다 변산반도로 향하는 국도로 들어오고 부안 부근에 이르니 작년 여름 세계 잼버리 대회 개최지였던 장소도 보였다. 나 같은 문외한이 보더라도 한여름 폭염 하에 제대로 된 나무도 없는 허허벌판에서 세계 백 수십 개 국가에서 온 4만 명 넘는 참가자가 모여 행사를 치룬다는 구상과 기획이 타당한가 하는 생각이 들었다. 흔한 말로 '무엇하면 용감하다'는 말도 있다만. 20년 전 즈음 부안군에 원자력발전 핵폐기물 저장소 설치 반대 시위에 두 차례 내려왔던 기억이, 그 몇 년 뒤 태안 해안에서 기름유출사고로 전국의 자원봉사자들이 오염된 해변으로 와서 기름 제거 활동할 시기에 서울 몇 동료들과 서너 차례 같이 내려와 시민들이 기증한 각종 헌옷 헝겊으로 해안가 돌에 묻은 검은 기름을 손으로 일일이 닦았던 기억도 떠오른다.

한반도 그것도 남북으로 갈라진 상태에서 세운 대한민국은 자타공이 국토 면적은 작은 나라라 하지만, 새만금 방조제를 옆으로 끼고 차로 달려보니 이 나라가 과연 작은 나라인가? 하는 생각이 차창 밖을 내다보면서 들었다.

저녁 시간이 되어서야 집에 도착하니 과거와 같지 않게 장거리 여행에 피곤이 몰려와 간단하게 식사를 마치고 일찍 잠자리에 들면서 모처럼 의미 있는 1박 2일 여행이자 수련회였음을 되돌아보게 되었다.

반민특위 강제해산 75년 기억 행사에 참석

 반민족행위특별조사위원회(반민특위)는 제헌국회 법률 3호로 제정된 '반민족행위처벌법'을 근거로 1948년 9월 출범했다. 하지만 이승만과 친일 세력은 이듬해 6월 6일 경찰을 동원해 반민특위 본부를 습격한 데 이어 국회 프락치 사건(1949년 5월부터 8월까지 남조선노동당의 프락치 활동 혐의로 현역 국회의원 10여 명이 검거되고 기소된 사건)과 백범 김구 암살 등을 통해 결국 반민특위가 강제해산 되면서 친일 청산의 꿈은 좌절되었다.

 6월 6일 현충일인데 공휴일이라고 집에만 있기가 무엇해서 의미 있는 나들이를 했다. '반민특위 강제해산 75년 기억 행사'에 참석하고자 서울 을지로입구역 롯데백화점 맞은편에 오후 2시에 도착하였다. 주최는 '반민특위 국회 프락치 기억연대'이며 후원은 '민족문제연구소'인데 집결 장소에 근 70명 시민이 모여 있었다. 이곳에는 반민특위 위치 표시판만 자그마하게 보도 변에 세워져 있는데 표지석 맨 위에는 '반민특위 터' 그 아래 한자로 반민족행위특별조사위원회(본부)지, 그 아래 간략 설명으로는 '1948년 제헌헌법 부칙과 법률 제3호 반민족행위처벌법에 따라 출범한 반민족행위특별조사위원회(통칭 반민특위)의 본부가 있던 곳이다. 친일 부역자들을 조사, 처벌하여 국민적 지지를 받았으나 반대 세력의 방해와 반발로 5개월간의 활동은 막을 내렸다. 2024년 3월 서울특별시.'

이 장소에서 설명을 들은 후 나석주 의사 의거 기념터로 이동했다. 하나금융지주 본사 사옥(옛 외환은행 본점) 자리가 일제강점기 시 동양척식회사 경성지사 터였다. 표지석에는 '나석주 의사 의거 기념터'라 적혀있고 그 아래는 '1926년 12월 나석주 의사가 일제의 동양척식회사에 폭탄 던지고 일본 경찰과 총격전 중 자결한 곳'이라고 적혀있다. 이어 우당 이회영 선생 길을 따라 언덕길을 오르다 보면 표지석에 쓰여 있기를 이회영 선생은 서울 명동 출신으로 초대 부통령 이시영의 형이다. 1910년 경술국치를 당하지 6형제 모든 가족이 중국 서간도로 망명하여 신흥무관학교를 세우고 10년 동안 3,500여 명의 독립군 지도자를 양성하여 이들이 독립운동을 주도 했다. 1919년 상해임시정부 수립에 참여하고, 1920년대에는 북경을 중심으로 아나키즘 독립운동과 의열투쟁을 주도하다가 1932년 일제 경찰에 검거되어 여순감옥에서 고문으로 순국했다. 정부에서는 1962년 건국공로훈장 독립장을 추서했다. 서울특별시 중구청에서는 우당 이회영 선생 탄생 150주년을 맞아, 2017년 9월 20일에 명예 도로로 '우당 이회영 길'을 지정하였다' 바로 지척엔 이회영 이시영 6형제(건영, 석영, 철영, 호영) 집터라는 표지석이 있다. 현 은행연합회 건물 맞은편 길가에 위치해 있다.

조금 더 걸어서 이동하니 또 하나의 독립 의거 터가 나오는 데 이재명(1887~1910)은 친일 매국노인 이완용을 척살하려고 한 평안남도 평양 출신 독립운동가이다. 1909년 명동 성당 앞에서 벨기에 황제의 추도식을 마치고 나오는 이완용을 칼로 찔러 중상을 입히고 현장에서 체포되어 이듬해 순국하였다. 이 의사는 서대문 형무소에서 약관 24세 나이에 일제에 의해 생을 마감했다.

　오후 3시 오늘의 주 행사장인 명동 카톨릭회관으로 들어가니 이미 200명 정도의 시민이 좌석을 메우고 있었다. 오늘 행사에서 다짐 구호는 '독립운동 정신 계승하여 친일파를 청산하자!'이다. 간단한 국민의례 후 22대 국회부의장인 이학영 의원의 결의에 찬 기념사에서 '일제강점기 갖은 고초를 겪었던 독립운동가들이 해방 후 용공으로 몰려서 또 다른 고난과 냉대를 당했다. 이런 분들과 그 후손들 생각하면 눈물이 난다. 당시 이승만 친위 쿠데타로 반민특위가 강제해산 당하고 민족사적 막중한 과업을 이루어 내지 못했던 역사적 사실을 지금에라도 그 진상을 밝히는 것이 국회의 할 일이다. 이를 통해 국회 차원에서 반민특위에서 활동했던 분들과 후손들의 명예 회복이 이루어지도록 하겠다.'고 단상에서 약속하니 참석자들로부터 큰 박수를 받았다.
　1948년 제헌국회에서 제정된 반민특위 소속 위원들 전원이 제헌의원들이었다. 지금이라도 이 해산 사건을 재평가하여 왜곡 조작된 우리 현대사를 바로 세워야 한다. 국회 차원에서 이 문제를 다루겠다고 약속했으니 올바른 역사가 정립되길 기대한다.

　이어서 당시 반민특위원장이었던 독립운동가 김상덕(영화 '파묘' 최민식 배우의 극 중 이름) 아드님이신 구순의 김정륙님(대한민국임시정부기념사업회 고문)이 단상에 올라 증언을 했다. 해방 뒤 제헌 국회의원을 지낸 김상덕 아버님은 일제강점기 친일파의 반민족행위를 조사·처벌 하기 위해 반민특위 설치에 앞장섰고 위원장까지 맡으셨다. 김 고문은 당시를 회상하기를, 그때 내 나이가 15세였는데 지금의 필동인 반민특위 관저에서 살 때 아버지께서 오늘 이승만 대통령이 방문하니 그 시간에 가족 모두 방에 들어가 나오지 말라고 했다. 이 대통령이 돌아가고 큰아들인 내게 말씀하길 이 대통령이 아버지에게 반민특위에 체포된 자들을 풀어주고 특위 활동 시간을 끌어라. 특위가 종료되면 내각(문교부 장관)으로 들어오라 하였으나 즉석에서 아버지는 거절하면서 '민족의 등에 비수를 꽂은 매국노들을 감춰주는 대가로 흥정하자는 거냐?'며 매우 화를 내었고, 이 대통령이 잔뜩 불쾌한 표정으로 나가는 모습을 보고 '반민특위가 큰 곤욕을 치르겠구나' 직감을 했다고 했다.
　반민특위 활동은 당시 군과 경찰 등에 다수 참여하고 있던 친일 세력에게 큰 위협이 됐다. 반민특위는 이승만 정권의 집요한 방해 공작에 시달렸고 김상덕 위원장에 대한 암살 시도도 끊이지 않았다고 아드님은 회상했다.
　다음날 아버지는 반민특위 직원들에게 훈화로 앞날이 험난할 것이다. 우리는 흔들리지 말고 해야 할 일을 하자고 했다. 이승만 정부에선 특정 불량배가(반민특위) 선량한 시민을 잡아다가 구타 등으로 족치고 있다고 하여, 반민특위 측에선 반박하기를 선량한 시민이 아니라 일제의 앞잡이들이다. 이들을 수년 전까지만 해도 우리 조선인을 잡아다 구타하고 고문하였다고 했다. 결국 며칠 뒤인 6월 6일 반민특위는 경찰 습격으로 무력화됐고, 이후 아버지는 1950년 7월께 북한 정치보위부 직원 2명에 의해 납북됐다. 아드님은 '월북한 빨갱이의 아들'이라는 멍에를 안고 신문 배달과 공사장 일용직으로 생계를 해결해야 했다. 그에 대한 감시는 1990년 아버지에게 건국훈장 독립장 서훈이 수여된 뒤에야 끝이 났다.

반민특위 해산 관련 김 고문의 근년 인터뷰 기사를 보면, 1935년 중국 난징에서 태어난 그는 임시 정부에서 활동하던 아버지를 따라 이곳저곳을 옮겨 다니며 성장했다. 그 과정에서 어머니와 갓난 아이였던 막내 여동생은 끝내 숨을 거뒀고, 네 살이던 김 고문도 누나와 함께 고아원에 맡겨졌다.

"막내가 굶어 죽고 나니 아버지는 충격을 크게 받으셨죠. 평소에는 자식들이 까부는 걸 보고 기분 좋아하시던 분이 고아원 가는 길에는 고개를 숙이고 입을 꾹 다물고 계셨죠. 보름에 한 번 고아원을 찾아올 때마다 아들을 꼭 끌어안아 주시던 자상한 아버지셨어요."

독립운동하면 3대가 가난하게 살고, 나라 팔아먹은 친일파는 3

대 아니 대대손손 잘 먹고 잘산다는 말이 다시금 떠올려진다.

    이승만 정권 초기인 1949년 6월 6일 노덕술 등이 주축이 된 친일 경찰은 반민족행위특별조사위원회 사무실을 습격했다, 이승만 대통령은 6월 9일 외신 기자회견에서 반민특위 습격은 자신이 직접 지시한 것이라고 밝혔다. 한국전쟁이 발발하자 반민법이 해제되고 특위 초기에 재판을 받았던 일부 친일파의 처벌도 무효화 되었다. 제국주의 식민 지배를 받고 독립한 나라 가운데, 단 한 명의 민족 반역자를 사법처리 하지 않은 나라는 우리나라가 유일하다. 친일파는 일제가 사라진 공간에 더 강력한 한국 사회의 주류, 기득권으로 자리 잡았다. 초기 독립군, 한국광복군 출신이 일부 참여한 군 수뇌는 곧 일본군 출신이 주도권을 잡았으며, 독립운동가가 다수를 차지한 1948년 초대 내각도 1960년에 이르면 대부분 친일 세력이 차지했다. 대표적인 친일파 송병준의 외손으로 조선은행 오사카 서구출장소 지배인 출신이 상공부 장관이 된다.

    해방 후 어렵게 세워진 반민특위가 강제해산됨으로서 친일파는 면죄부를 받고 독립 운동가 김구, 여운형이 암살되고 밀양 사람 김원봉은 친일 경찰 노덕술에게 잡혀가서 심한 수모까지 당하다 보니 이런 무도한 사회상에 못 견디어 북으로 갔다. 그 후 독립운동가 조봉암은 용공 주자로 몰려 사법 살인을 당하게 되었다.

밀양 사람 김원봉이 주축이 되어 의열단을 창립하며 공약을 발표했는데 천하의 정의로운 일을 맹렬히 실행하고, 조선의 독립과 세계의 평등을 위하여 신명을 희생하며, 언제 어느 때나 정의를 위해 충의의 기백으로 자신을 희생하며, 단의를 배반한 자는 척살한다는 비장한 의지를 내세웠다.

또한 의열단은 창단 직후 '7가살'이라 하여 처단 대상으로 조선 총독 이하 고관, 군부 수뇌, 대만 총독, 매국노, 친일파 거두, 적의 밀정, 반민족 토호열신 등으로 정했다. 그리고 '5파괴'라 하여 파괴 대상으로는 조선총독부, 동양척식주식회사, 매일신문사, 각 경찰서, 기타 일제 주요 기관 등을 선정하였다.

이에 반해 무력이 아닌 외교를 통해 독립을 도모해 보겠다던 이승만은 미국에서 활동하다가 상해 임시 정부 대통령이 되었다. 하지만 6년간 초대 대통령에 있으면서 6개월만 상해에서 활동하고 나머진 미국에서 열매 없는 외교활동만 하다가 결국 탄핵을 당한다. 지금에도 대한민국 국부로 자리매김을 시도하지만 이나라 초대 대통령으로서 그의 과오는 한두 가지 아니다. 우선 해방 후 친일파를 비호하였고, 한국전쟁 전후의 민간인 학살(근 100만 명이 희생당한 걸로 추산), 한국전쟁 발발 후 국민을 버리고 도주했고, 1인 장기 집권을 위한 개헌으로 민주주의 파괴했으며, 개인 우상화에 헌법과 민주주의를 부정하는 정적 탄압과 불법 선거를 감행했다. 이로인하여 4.19 혁명 당시 수백 명의 사상자가 발생했다.
 이래도 이승만을 대한민국 국부의 자리에 올려 앉혀야 하는가를 상식과 역사의식이 있는 시민이라면 반드시 생각해 보아야 한다.

문재인 대통령 회고록
'변방에서 중심으로'를 읽고

나는 문 대통령의 회고록이 윤 정부 후반기나 되어서, 즉 차기 대선을 1년여 앞두고 나올 줄 기대하고 있었는데 예상외로 이르게 출간되었다. 시중 서점에 진열되고 며칠 후 구입하려고 갔더니 너무 책이 두터워 이걸 언제 다 읽어볼 수 있을까 하는 생각이 먼저 들었다. 근년에 600 페이지 넘는 책을 구입한 경우가 재미 한인 이민진 작가의 '파친코'와 역시 재미 한인 김주혜 작가의 '작은 땅의 야수들'이라는 소설인데 두 소설 모두 마지막 페이지까지 읽느라 꾀나 시간과 에너지를 쏟았던 거 같다.

650페이지에 달하는 본 회고록은 문 대통령 퇴임 2주년을 맞아 처음으로 쓰여진 것으로 3번의 남북정상회담, 58회의 순방 외교, 국제적 인정을 받은 선진국 진입까지 밝힌 5년의 기록이다. 구입 후 틈틈이 시간을 내어 읽어 근 2주 만인 어제 완독을 하고 이 글을 쓴다. 회고록은 엄밀히 보면 문 대통령과 청와대 안보실 평화군비통제 비서관으로 일하며 판문점과 평양에서 열린 남북정상회담에 참여하는 등 한반도 평화프로세스 실무를 담당했던 최종건 전 외교부 1차관과 대담의 형태로 쓰였다. 2023년 5월 문 대통령 평산 사저에서 대담이 이루어지기 시작하여 만 1년 뒤인 지난 5월에 첫 출간이 되었다. 책의 내용은 문재인 정부시기 3번이나 있었던 남북정상회담과 2번의 북미정상회담, 그리고 각국의 정상들과 있었던 외교 회담에 숨겨진 뒷이야기들을 대담 형태로 공개했다. 주로 외교, 안보와 남북 간 평화 정착 과정이어서 관련 학계나 관료 또 정치권에 있는 사람들이 읽으면 나 같은 일반 시민이 읽는 것보단 쉽게 이해되는 부분이 많을 거라고 여긴다.

내가 이 책을 서점에서 들고나오며 가장 궁금한 내용은 두 가지다. 하나는 2018년 4월 판문점 정상회담 시 도보다리에서 남북 두 정상이 그 자리에서 무슨 얘기가 오갔는가이고, 다른 하나는 2019년 김정은 신년사에서 남측을 향해 북남 사이의 협력과 교류를 전면적으로 확대 발전시켜 민족적 화해와 단합을 공고히 하며 온 겨레가 북남관계 개선의 덕을 실지로 볼 수 있게 하여야 한다. 당면하여 우리는 개성공업지구에 진출하였던 남측기업인들의 어려운 사정과 민족의 명산을 찾아보고 싶어 하는 남녘 동포들의 소망을 헤아려 아무런 전제조건이나 대가 없이 개성공업지구와 금강산관광을 재개할 용의가 있다고 말했다. 그런데 남측에선 왜 휴전선을 넘어 다시금 북측으로 들어갈 수 없는 지경에 이르렀는지이다.

2018년 4.27 남북 정상이 만나 합의한 판문점 선언에서 '한반도에서 더 이상 전쟁을 없을 것이며 새로운 평화의 시대가 열리었음을 8천만 우리 겨레와 전 세계에 엄숙히 선언하고…남과 북은 정전 협정 체결 65년이 되는 올해에 종전을 선언하고, 정전협정을 평화협정으로 전환하여 항구적이고 공고한 평화 체제 구축을 위한 남.북.미 3자 또는 남.북.미.중 4자 회담 개최를 적극 추진해 나가기로 한다.'고 표명하였다.

회고록에서 우선 판문점 도보다리에서 남북 두 정상 간 배석자 없이 단독대면 장면에서 통역 없이 대화하며 걷는 모습이 송출됨으로서 우리가 단일민족이라는 걸 세계에 알려졌다고 했다. 김정은 위원장은 미국과 회담이 예정되어 있는데 이런 일은 처음이라 경험도 없다. 어떻게 접근하면 좋을지 질문이 있었다고. 한편 자신들이 굉장히 불신을 받는다. 아무리 비핵화를 말해도 북은 시간 벌기용으로 쓰고 있다는 등의 불신을 미국을 비롯 국제사회에서 강하게 퍼져 있다는 것도 잘 안다고 말했다. 즉 자신들의 비핵화가 진정성을 받을 수 있을까 하는 고민을 토로했다. 진정으로 체제 안정만 보장된다면 핵을 내려놓을 것이라 말했다. 자신도 딸이 있는데 어떻게 후세대까지 핵을 머리에 이고 살게 할 수 있겠느냐며 문 대통령께서 그런 이야기를 미국에 잘 전해 달라고 했다는 것이다.

나른 하나 궁금한 것인 2019년 김정은 위원장의 신년사에 대해 남측에서 자주적 화답을 못한 연유를 알고자 했는데, 문 대통령은 개성공단 운영과 금강산 관광 재개가 불발된 데 대해서도 사실상 제재를 넘어서지 못했다. 유엔안전보장이사회와 미국의 제재를 무시하고 개성공단과 금강산 관광을 재개한다는 것은 거의 불가능한 일이었다며 남북 관계의 특수성을 내세워서 어떻게든 집요하게 유엔 안보리 제재의 예외를 인정 받았어야 하지 않나 하는 아쉬움이 있다고 했다. 또 대통령은 자신의 재임 시절 "우리는 유엔 안보리 제재 속에서 남북 관계를 진전시켜야 했다."며 "남북 관계의 진전과 함께 북·미 관계를 개선해 나가고, 그것을 통해 비핵화와 더불어 유엔 안보리 제재를 해소해 나가야 한다는 과제가 있었다."고 했다.

그 당시 발동되었던 한미워킹그룹을 우리 국민들이 힘을 모아 자주적으로 헤쳐 나갔어야 하는 과업이었는데 하는 후회도 남는다. 금강산 관광은 대북 제재에서도 '관광'이라는 전제를 놓고 이를 비켜 갈 수도 있었는데 하는 아쉬움도 크다. 내 개인적으로 김정은 위원장 신년사 후 전국의 평화 시민들 수만 명이 강원도 고성에 모여 금강산행 관광문을 열자는 자주적 대집회를 열고 국내는 물론 국외까지 이를 알려 이슈화시키는 시도 정도는 했어야 하지 않았는가하는 아쉬움도 역시 남아 있다.

그 당시 상황을 말해주는 기사를 되돌아보면 2019년 8월 김연철 전 통일부 장관이 DMZ 내 유일한 민간인 거주지인 대성동마을 방문을 추진할 때에도 한미워킹그룹 유엔사 측이 취재진의 방문을 불허해 방문을 포기한 바 있다. 그에 앞서 통일부가 방한 중인 독일대표단과 함께 강원도 고성 '829 보존 GP' 방문을 추진했으나 통과를 불허한 일도 있다. 당시 김연철 장관은 한 달 후 국회 외통위 국정감사에서 '정전협정 조항에는 유엔사의 DMZ 출입 및 통과에 대한 허가권은 군사적 성질에 속한 것으로 한정돼 있다.'며 비군사적 성질에 속하는 여러 방문에 관한 허가권의 법적 근거를 문제 삼기도 했다.

독일대표단의 GP 방문이 불허됐을 때는 당시 통일부 차관이 에이브럼스 유엔군 사령관에게 항의서한을 보내기도 했다. 그러나 통일부의 반박은 매번 항의를 그칠 뿐 지금도 DMZ 출입 및 통과에 관한 관할권은 유엔사가 행사하고 있다라고 되어 있다.

나는 2020년 6월에 일어난 개성 남북한 연락사무소 폭파 장면 뉴스를 집에서 접하고 선 그동안 가지고 있었던 희망이 무너져 내리는 기분이었다. 지난 2년간 남측 정부의 의지와 노력, 개성공단 입주기업의 기대, 살아생전 금강산 못 가본 게 한이었다며 인제라도 가보자는 동네 노인분들 바람이 한순간에 날아가 버린 것이다.

북의 연평도 포격에 관해 언급한 부분에서 문 대통령은 "뜻밖이었던 점은 김정은 위원장이 언젠가 연평도를 방문하여 포격 사건으로 인해 고통을 겪은 남측 주민들을 위로하고 싶다고 한 점"이라고 언급해서 의외라는 생각이 들었다. 연평도 포격 사건은 2010년 11월 23일 약 1시간 동안 북한이 연평도에 선전포고도 없이 기습으로 포격을 가한 충격적인 사건이다. 정전협정 이후 북한이 우리나라 영토에 직접적인 공격을 가한 것은 당시가 처음이라고 한다. 이전까지는 군사적인 도발로 인한 양측 군인들끼리의 물리적인 충돌만 있었지만, 연평도 포격은 군인은 물론 민간인 사망자까지 발생해 자칫하면 휴전이 깨질 수도 있었던 상황이기도 했다. 우리 군 역시 북한의 도발에 대응해 K-9 자주포를 이용하여 대응에 나섰던 것으로 안다.

회고록에도 실려있는 김정숙 여사의 인도 방문을 두고 최근의 여러 논란에 대해 문 대통령 자신의 페이스북에 입장을 밝혔는데 이를 옮겨와 요약해 본다.

최근의 논란에 대하여 국정을 안다면 있을 수 없는 치졸한 시비여서 그러다 말겠거니 했습니다. 하지만 점입가경으로 논란이 커지는 것을 보면서 가만히 있을 수가 없어서 몇 가지 기본적인 사실을 밝힙니다.

1. 대통령 부부의 해외 순방 경비는 청와대가 아니라 소관 부처에서 예산을 편성하고 집행합니다. 따라서 예산에 대한 의문은 소관 부처에 물어야 합니다. 당시 소관 부처는 문체부였습

니다.
2. 전용기 기내식은 일반 여객기와 동일하게 세트로 제공되며, 고급 음식을 주문하거나 먹을 수 없습니다. 초호화 기내식은 불가능하며, 기내식 총경비가 많아 보인다면 소관 부처나 대한항공에 문의해야 합니다.
3. 해외 순방 전용기 기내식 비용은 일반 항공기와 다릅니다. 일회적으로 준비하는 기내식이므로 인건비 등 추가 비용이 발생합니다. 따라서 기내식 총경비가 많았는지 여부는 현 정부와 비교해 봐야 알 수 있습니다.
4. 아내의 인도 순방은 아내가 원한 것이 아닙니다. 인도 측의 지속적인 요청에 내가 갈 수가 없는 상황이었고 또 외교 당국의 건의로 인해 여러 사람이 아내를 설득해 가게 한 것입니다. 이에 대해 초호화 기내식과 관광을 했다고 비난하는 것은 부적절합니다. 인도 측의 성의도 고려해야 합니다.

고 이건희 삼성 회장의 오래전 했던 말이 떠오른다. 우리나라 정치는 4류, 관료와 행정조직은 3류, 기업은 2류다라고 한 말이. 내가 보는바 지금의 관료도 4류로 미끄럼탄 게 아닌가 한다. 이 회장의 평가가 지금에도 변할 기미가 안 보인다. 총선도 지나고 22대 국회에서 다른 해야 할 일이 많고도 많을터인데 이런 걸 가지고 연 1억 5천 세비를 받는 소위 국민 대표가 말을 만들어 끄집어내고 또 비틀고 하니 말이다.

근래에 육군사관학교에 존치된 홍범도 장군 흉상 철거를 두고 많은 말들이 언론을 통해 또 정치권에서 내가 사는 지역의 시민사회에서도 불그러져 나왔다. 이 나라 근현대사를 조금이라도 관심 가지고 알고자 하는 시민이라면 일제강점기 시 독립운동가 중에 사회주의 사상을 접하고 활동도 하고, 아나키스트로 드러낸 인물도 있다. 그런 지엽적인 걸 가지고 한 세기가 지난 지금에 끄집어내어 재단한다는 게 이해가 안 된다.

중앙아시아에 고려인이 근 50만이 거주하고 있다. 문 대통령이 신북방 외교를 펴고자 2019년 4월 대한민국 대통령으로서는 처음으로 카자흐스탄 알마티 고려극장을 방문했다. 이때의 방문이 50만 고려인의 정신적 지주인 홍범도 장군의 유해를 모셔 오기 위해 사전에 고려인 사회의 동의를 얻는 데 큰 힘이 되었다. 노태우 정부 때부터 홍 장군의 유해를 봉환해 오기 위해 노력을 기우려 왔다. 마침내 2021년 광복절을 기하여 카자흐스탄 크즐오르단 현지 홍범도 장군 묘역으로부터 장군의 유해를 서울로 운구해 왔다.

대한민국 공군 수송기가 '청산리·봉오동전투' 승리의 주역인 홍범도 장군 유해 봉환 임무 수행하며 우리의 영공에 들어오자 공군 편대기가 78년 만에 조국으로 돌아오는 장군을 맞이하는 비행하는 뉴스를 보며 가슴이 뭉클했던 기억이 새롭다. 그해 8월 17일 문재인 대통령은 홍 장군에게 건국훈장 대한민국장을 추서했다. 유해는 현재 국립대전현충원 독립유공자 3묘역 917호에 안장되어 있다. 그런데 홍 장군 유해를 국립묘지에서 파묘를 해서 이장도 고려해야 할 사안이라는 현 정부 측 발언에 어이가 없어 귀를 의심하고 입이 다물어지질 않는다. 앞으로 대전에 갈 일이 있게 되면 시간을 내어 홍범도 장군 묘역을 방문해 소주 한 잔 올려드리고 참배하려고 한다.

회고록 마지막 부분 한 페이지에 친필로 쓰인 '아무도 흔들 수 없는 당당하고 평화로운 나라를 만드는 일, 문재인 정부가 다 못한 그 여정이 계속 이어지길 기원합니다.' 이 글에서 지금의 정부가 들어선 후 남북 관계가 떠올려졌다. 또 문 대통령의 의지를 볼 수가 있는 글에는 '한반도에서 어떤 경우에도 전쟁은 안 된다는 것입니다. 평화가 모든 것을 보장해 주지는 않지만, 평화 없이는 아무것도 할 수 없습니다. 오작 평화, 평화에 대한 의지를 가져야 합니다. 평화에 대한 의지가 없는데도 평화가 올리는 없을 것입니다.'라고 했다.

최선의 전쟁보다는 최악의 평화가 낫다는 말이 있다. 힘에 의한 즉 군사력에 의한 평화? 지금 같은 남북 간 적대국 대치 상황에서 과연 바람직한 정책인가 묻고 싶다. 양측이 서로 상승하며 상대를 억누르고 우위를 점하려는 것 외에는 무엇을 바라겠는가.

나는 과거부터 전시작전권을 한국으로 가져와야 한다고 생각해 왔다. 하지만 이번 정권에서만큼은 전작권 환수를 차기 정부로 미루어 주었으면 하는 바람이다. 칼자루를 쥐고서 행여 큰일을 낼 거 같은 불안에서이다. 문 대통령은 다시금 "이 땅에 다시는 전쟁이 없어야 한다는 절치부심, 우리 운명을 남의 손에 맡기지 않겠다는 절치부심을 가져야 합니다. 한반도의 지정학적 조건 속에서 대한민국 생존과 번영을 위해 한시라도 잊어서는 안 될 절치부심입니다. 그것은 궁극적으로 아무도 흔들 수 없는 당당하고 평화로운 나라를 만드는 일입니다. 문재인 정부는 그런 나라를 만들고자 했습니다. 그런 나라를 향해 몇 걸음이라도 나아가고자 했습니다"라고 애 저린 마음을 나타내었다.

개인적인 생각이지만 지금껏 남한에선 북과 어떠한 협상을 전개하거니 또 물적인 지원을 할 때 우선 미국에 특사 파견 등 국무성이나 백악관에 우리의 대북 관련 정책을 제안하고 그들의 의견을 듣고 진행을 축소, 변경하거나 멈추기까지 해왔다. 이제라도 전쟁 결정이 아닌 다음에야 남한에서 북측과 관련된 것은 국민 의견 수렴도 하고 자체적으로 결정하여 진행시켜서 미 측에 통보하거나 양해를 얻는 정도의 자주적인 남북 관계 형성을 도모해야 되리라 본다. 지금 북한이 남측을 향해 이처럼 나오는 연유도 미국을 물론 너희 남측도 도긴개긴 믿을 게 못 되니 갈라서자며 북 자신들은 알아서 가겠다 인 것이다.

이 글을 쓰고 있는데 뉴스에는 러시아 푸틴 대통령이 북한 방문하여 김정은 위원장과 정상회담을 열었는데 합의한 주요 사안이 "북한과 러시아가 침략을 당할 경우 상호 지원할 것"이라고 밝혔다. 북한이 '유사시 자동 군사개입' 조항을 협정에 넣자고 러시아에 줄곧 주장해 온 점을 감안하면 김정은 위원장의 요구가 수용된 것으로 볼 수 있다. 북러 정상의 만남이 한미 양국은 물론 국제사회의 '레드라인'을 넘나들며 평화를 위협하고 있다.

  광복이 되고 분단 후 북의 김일성이 소련 스탈린에게 매달려 지금이 기회이니 남쪽으로 밀고 내려가려는데 협조해 달라고 간구하여 소련으로부터 긍정 신호 받은 후 민족의 비극이요, 영구 분단의 단초를 제공한 6.25 전쟁이 일어났던 게 상기되어 한반도 앞날이 심히 어둡고 우려가 된다.

7.4 남북 공동성명

내가 고등학교를 졸업한 그해 1972년 오늘 7월 4일에 발표된 남북한 간의 역사적인 합의문인 남북 공동성명 발표되었다. 나로선 12년간의 학생 시절은 한반도에 박정희 대통령과 김일성 주석의 통치 시대였으며 그 기간 내내 반공, 멸공 교육만 받아오다가 소식을 접하고선 이런 일도 다 있구나하는 놀라움을 가졌던 기억이 난다, 정치나 나랏일에 별 관심을 두지 않았던 아버지마저도 공동성명 뉴스를 접하시곤 같은 민족 간의 갈등과 전쟁 위험이 줄고 하나될 수 있는 좋은 일이 생겼다고 했다.

이 성명은 한국전쟁 이후 처음으로 남북한 간의 공식 대화를 통해 발표된 합의문으로, 당시 남북 관계의 중대한 전환점을 마련했다.
주요 내용으로는 세 가지 기본 원칙이 포함되어 있다:
자주적 평화 통일: 외세의 간섭 없이 민족 자주적으로 통일을 이루어야 한다는 원칙. 평화적 방법: 무력 사용이 아닌 평화적인 방법을 통해 통일을 달성해야 한다는 원칙. 민족 대단결: 사상과 이념의 차이를 초월하여 민족의 대단결을 도모해야 한다는 원칙. 또

한, 양측은 남북조절위원회를 구성하여 남북한 간의 협력과 교류를 촉진하기로 합의했다.

이후 국내 정치의 우여곡절을 겪으며 오랜 기간이 지나 김대중 대통령 시대가 왔다.

2000년 6월 김대중 대통령이 평양을 방문하여 김정일 위원장과 남북정상회담을 가졌고, 6.15 남북공동선언을 발표하였는데 주요 내용으로는 통일을 주인인 우리민족끼리 자주적으로 해결하고, 북측의 낮은 단계의 연방제와 남측의 연합제의 공통성을 인정하여 이 방향에서 통일을 지향시켜 나가기로 합의했다.

이어진 정권 아래서 2007년 10월 서울에서 판문점을 거쳐 노무현 대통령이 평양을 방문, 김정일 위원장과 정상회담을 가지고 10.4 남북공동선언을 발표, 주요 내용으로는 6.15 공동 선언의 적극 구현하고, 상호 존중과 신뢰, 군사적 적대 관계 종식, 한반도 핵문제 해결을 위한 3자 또는 4자 정상회담 추진, 남북 경제협력 사업의 적극 활성화, 사회문화 분야의 교류와 협력, 이산가족 상봉 확대 등을 합의했다.

그 후 2018년 9월 문재인 대통령은 남측에서 세 번째로 평양을 방문한 대통령으로서 김정은 위원장과 정상회담 후 9.19 평양공동선언을 발표. 주요 내용으로는

남북 역사상 처음으로 비핵화 합의, 비무장지대와 대치지역에서

군사적 적대 관계 종식, 교류와 협력을 더욱 증대시켜 민족경제를 균형적으로 발전시키기 위한 실질적인 대책들을 강구해 나가기로 합의했다.

그러나 북미 간 더하여 남북 간 정세가 바뀌고 설상가상으로 코로나 시기도 2년 넘게 겪게 되다 보니 그 어느 때 보다도 남북 관계는 소원을 넘어 경색해지고 긴장이 고조된 상태에 이르니 안타깝기 그지없다.

얼마 전 통일부에서 2013년부터 2022년까지 탈북민 6,351명을 대상으로 심층 설문조사를 한 후 '북한 경제·사회 실태 인식보고서'를 발간하였다. 주로 도표로 되어 있는 북한 실상에 관련된 보고서 내용을 나름 문자화하여 재정리해 보기로 한다.

한국국방연구원에서는 70년대 이후 핵 개발 비용이 11~16억 달러로 추산. 핵과 미사일에 대한 과다 지출로 민생고통이 가중되며 이러한 비용은 북한의 4년 치 식량 부족분 충당 가능하거나, 2,500만 북 주민에게 2~3회 코로나 백신 접종 비용에 해당한다고 함.

본 보고서의 주요 특징은 총 6,351명이 참가한 장기 축적 데이터 기반, 김정은 집권 이전 이후와 5년 단위로 나눈 20여 년의 시계열 분석, 1,100여 개의 폭넓은 설문 수집 및 핵심 부분 선별하여 발췌, 탈북민 1:1 면접을 통한 추가적인 심층 정보 획득,

설문 참여한 북한이탈주민들은?
성별- 남 18.2% 여 81.8%,
출신 지역- 접경 82.1% 비접경 15.2% 평양 2.7%
연령- 10대 0.7% 20대 27.9% 30대 25.9% 40대 26.9% 50대 17.6%

1. 북한 정권의 실패
 (단, 본 글에서는 2016년에서 2020년 최근 5년 사이 탈북민 설문 응답 위주로 함.)
*식량 배급 수령 무경험 72.2%
*공식 직장 노임, 식량 배급 모두 없음이 50.3%
*기업소 1일 실제 가동 시간(자체 전력 공급 시간 포함) 5시간 미만 37.6%
*늘어난 곡물 생산량 농민이 아닌 당국과 군으로, 농장원 분배는 12.9%
*1순위 시장 거래 화폐는 위안화 통용 (2011년 이전 비해) 약 5배 증가
*가구 월수입 중 간부 및 정권 수탈 비율(2012년 이후) 41.4%
*뇌물 공여 유경험 54.4% (김정은 집권 후 뇌물 2배 증가)
*빈부격차(더 심각한 평양-지방 격차) 심화 현상에 그렇다 평가 93.1%
*김일성, 김정일 혁명 역사 교육 가장 중시(2012년 이후) 91.9%

*북한 주민 사교육 경험 (2012년 이후) 48.7%
*최근 3~4년간 사회 감시 및 통제 강화 정도 71.5%
*거주지에서 감시나 가택 수색 유경험 51.3%

2. 계획 경제와 통제의 틈에서 시장으로 향하는 주민들
*의식주 조달 시 입쌀·강냉이 종합 시장에서 구매 70.5%
*사적 경작지인 텃밭, 소토지에서 조달 20.1%
*생활필수품 전혀 공급받지 못함(2012년 이후) 71.1%
*병원 대신 약품을 종합 시장에서 구입 44.9%
*병원 진료 무경험(2012년 이후) 39.6%
*가정용 전력 1일 공급 시간 4.3시간
*거주 주택의 난방 연료는 나무 사용 69.7%
*남한 용달차 개념 써비차(목적지, 운행 시간 무) 이용 27.1%
 (열차 이용 36.7%)
*법망 피해 주택 양도 매매 경험 총합 46.2%
*장마당 경제로 인해 여성의 위상이 다소 높아 짐 45.9%

3. 더디지만, 그래도 변화하는 북한 주민들
*국영 경제에서 사경제로 가며 비공식 소득 68.1% 공식 소득 24.7% 무응답 7.2%
*계획 경제에 부정적 응답 49.4%
*장사 밑천을 위해 개인 간(차용) 금융 거래 57% 생활비 차용

35.7% 기타 5.0%
*김정은 권력 승계에 대한 부정적 56.3%
*백두 혈통 세습에 대한 부정적 54.9%
*정권을 위한 희생보다 개인이 더 중요 53.2%
*시장이 더 좋다는 응답 78.0%
*휴대전화 보유 36.4%
*인터넷 사용 경험 없음이 98.4%
*외부 영상 시청 경험 83.3%
*주로 본 영상물은 중국 편 71.8% 남한 편 23.1% 러시아 편 2.4%
*외부 세계에 대한 관심 67.0%

4. 향후 통일부의 정책 방향
 (1) 북한 인권 개선 및 증진
    국립 북한인권센터 건립 추진
    북 주민 정보 접근권 확대 등을 통한 인권 개선 압박
 (2) 자유 평화 통일 비전 실천
    미 캠프 데이비드 선언의 자유 평화 통일 비전 공론화
    한·미·일 정상 '자유롭고 평화로운 통일 한반도 지지'
    적극적 통일 외교를 통한 국제사회와의 연대 강화
 (3) 북한 이탈주민 지원 확대
    탈북민 일자리 박람회 등 자립 자활 지원

북한 이탈 주민의 날 제정
탈북민 트라우마센터 개소 및 위기가구 지원 강화

나는 남북 교류니, 통일 관련 이야기를 접할 때면 2차 대전 후 승전국 소련과 미국에 의해 일본이 남북으로 분할 점령 후 분단이 되었어야 마땅하다는 생각이다. 한데 왜 한반도가 날벼락을 맞아 분단이 되고, 이어 6.25 전쟁을 치루고 정전 후 지금까지도 휴전선으로 가로막혀 북으로 향해 대륙으로 한 발짝도 못 가고 완벽한 섬나라 지형이 되었는가하는 의문이요, 마냥 안타까울 뿐이다. 그리고 과연 한반도를 둘러싸고 있는 강대국들이 남북통일을 바랄까 하는 의구심이 든다. 아마도 남북한 영구 분단을 제일 바라는 건 일본, 다음이 중국 그리고 미국, 러시아 순이 아닐까도 한다.

그러면 대한민국 안에서는 어느 누구나 다 통일을 바랄까? 문재인 전 대통령은 얼마 전 간행한 회고록에서 우리 사회에는 '확연히 대비되는 근본적으로 상이한' 두 세력이 있다고 했다. "하나는 분단 상태를 정권의 목적으로, 정치적 목적으로 이용하면서 적대적 공생을 추구하는 세력이고, 다른 한편으로는 분단을 어떻게든 극복해 나가야 한다, 통일이 최고의 형태이지만 통일되지 않더라도 적어도 평화를 이루고, 서로 왕래하고 교류하고 협력해야 한다."는 철학을 지닌 세력이라고 했다.

북한의 김정은 위원장은 작년 말 조선노동당 연설에서 '현재 한반도에 가장 적대적인 두 국가가 병존하고 있으며, 사소한 우발적 요인에 의해서도 물리적 격돌이 발생하고 확전될 수 있다.'면서 남북 관계는 더는 동족 관계가 아닌 적대적인 두 국가 관계, 전쟁 중에 있는 두 교전국 관계로 완전히 고착됐다고 했다.

요즘 북한 정권을 보면 '남북한 단일민족국가'라는 과거 생각은 접고 이제는 상호적대적인 별개 국가로 상대해야 한다는 주장이다. 만일 이대로 나라의 현대사가 전개된다면 우리 한민족의 미래는 어떻게 될까. 그전에 남북한 영구 분단과 고착화를 바라는 일본에서 표정 관리하며 엷은 미소를 지을 거라고 본다.

파리 올림픽

　옛 학창 시절 근대 올림픽의 창시자는 쿠베르탱 남작으로 프랑스 사람이라는거와 또 올림픽은 승부 결과에 집착하기보단 참가하는데 더 의의를 둔다는 말도 함께 배웠다.
　올림픽 정신이란 무엇인가를 다시금 찾아보니 "스포츠를 통해서 심신을 향상시키고 문화와 국적 등 다양한 차이를 극복하며 우정, 연대감, 페어플레이 정신을 가지고 평화롭고 더 나은 세계의 실현에 공헌하는 것"이라고 되어있다.

　1894년 당시에는 1900년 파리에서 올림픽 대회를 개최하는데 합의가 이루어졌다. 그러나 6년이라는 기간은 기다리기에는 너무 긴 시간이었다. 그래서 개최지와 개최 날짜를 변경하여 가장 적합한 장소로 여겨지는 그리스의 수도 아테네에서 1896년 4월에 올림픽 경기를 개최하기로 결정했다.
　4년 뒤 제2회 올림픽이 파리에서 그 후 1924년 파리 올림피이 열렸고, 그로부터 100년 뒤 2024년 파리에서 세 번째로 올림픽이 열리게 된다.

대회 기간 2024년 7월 26일 ~ 8월 11일, 슬로건은 '함께 나누자'(Made for Sharing)이며 마스코트는 '프리주'(Phryge)이며 자유와 해방 이념이 담겨 있다는데 프랑스 국기 삼색의 자유, 평등, 박애가 반영된 거라 본다.

참가국 예정은 206개국, 10,500명 참가, 32개 종목, 329개 경기가 펼쳐진다고 한다.

그리고 파리와 한국 시차는 7시간. 우리가 오전 11시이면 파리는 당일 새벽 4시이다.

2000년 역사의 파리는 넓지 않은 면적에 인구는 300만이 채 못된다.

에펠탑, 개선문, 노트르담 성당, 몽마르트 등과 함께 수많은 문호와 미술가의 작품들, 루브르 박물관, 미술관 등에 현대에 들어와선 샤넬 등 명품의 본고장이다. 하지만 비싼 물가와 무질서한 지하철, 센강의 오염은 파리의 환상을 깨게도 한다.

파리 올림픽은 3년 만에 개최된 올림픽. 직전 도쿄 올림픽이 코로나로 1년 연기되어 2021년에 개최되어서이다. 내가 TV를 통해 중계방송 가장 많이 본 올림픽이 도쿄 올림픽이었다. 집에서 앉아 시차도 없고 하니 중계방송 보기도 좋아서였다. 파리는 총 33회 올림픽 중 3회 개최되는 다관왕 도시. 차기 2028년 미 로스엔젤레스와 어깨를 나란히 하면서.

BTS의 맏형 진이 군 복무 후 파리 올림픽의 개막식에서 성화 봉송 주자로 나선 걸 뉴스에서 보았다. 해외에서 열리는 올림픽에서 국내 가수가 성화 봉송 주자로 선정된 것은 이번이 처음이라 한다. BTS 진을 보려고 루브르 광장 앞에 그의 팬 아미들이 엄청나게 모여 진을 응원하고 촬영했다니 올림픽에서도 K-팝의 인기를 부정할 수가 없다.

올림픽 역사상 처음으로 주 경기장이 아닌 파리 거리에서 개회식을 가지는 것이 특이하다. 1900년 파리 올림픽은 사상 처음으로 여성이 출전하였고, 사상 첫 흑인 금메달리스트가 탄생한 1924년 파리 올림픽이었다. 그리고 남녀 선수 비율을 거의 동등하게 맞춘 2024년 파리 올림픽은 평등 올림픽으로 다시 한번 올림픽 역사에 새 걸음 내 디딜 거라고 한다.

쉼 없이 달려온 2024 파리 올림픽이 17일간의 대장정을 마치고 12일 새벽 막을 내렸다. 대한민국은 역대 최소 선수단인 144명 참가했는데도 예상을 웃돈 금 13, 은 9, 동 10으로 종합 8위에 자리매김했다. 미국 금 40, 중국 금 40으로 동수인데 은 수에서 미가 앞서 종합 1위 차지했다. 한국은 G7인 이태리, 독일을 순위 바로 아래에 두고 캐나다는 12위이다. 국제 뉴스를 보면 한국을 G8으로 초대해 신참 국가로 진입해야 한다고 하는데, 우리의 이웃이면서 기우러져 가고 있는 일본이 이를 경기를 일으키고 반대하는 형국이다.

역시 파리에서도 주몽의 후예들이 모인 양궁은 세계 최강임을 보여주었다. 여자 단체전 10연패, 3관왕 2명이 김우진과 임시헌 선수. 금메달 5개 싹쓸이는 철저한 준비와 훈련, 치열하고 투명한 경쟁, 양궁협회 든든한 지원이 엮은 합작품이다. 여자 양궁 대표 전영훈은 인천 시청 소속이다. 전 선수도 내가 사는 인천 시민이니 향후 기회를 마련하여 나름 자그마한 선물이라도 마련하여 전해주고 싶다.

여자 펜싱 사브르 대표팀은 단체전에서 세계 1위 프랑스를 꺾고 은메달을 따냈다. 남자 사브르 대표팀은 단체전을 3연패 하는 기염을 토했다. 동양인으로서 단신의 한계, 그간 노출된 전력 등을 많은 훈련으로 극복한 결과일 것이다.

종주국으로서 태권도는 금 2개, 동 1개로 도쿄 올림픽 '노골드' 아픔과 아쉬움을 씻었다. 다시금 도전하는 자세로 철저하게 준비하고 고되게 훈련한 덕분이다. 세계 5위, 4위, 1위, 2위를 차례로 꺾고 우승한 세계 24위 김유진은 "고된 훈련을 견딘 나를 믿었다."고 말했다.

만리장성 벽을 넘지는 못했지만 탁구는 2012년 런던 대회 이후 12년 만에 올림픽 메달을 거머쥐었다. 신유빈, 전지희, 이은혜 선수가 한마음으로 노력한 결과이다.

독하게 훈련한 유도는 은 1, 동 1개를 따냈다. 혼성 단체전에서 동메달을 건졌는데 그 시합에서 마지막 보루인 고참 안바울은 윗 체급 선수와 연장전 끝에 두 번이나 이겼다. 중계로 단체전을 보니 독일과 비겨, 최종 대결 추첨을 통해 안바울 체급이 나오면서 심신이 지친 상태에서 재대결 끝에 지옥에 갔다가 천국에 온 정도의 큰 고생 끝에 혼성팀에게 승리를 안겨주었다. 그리고 은메달의 허미미 선수는 한국인 아버지와 일본인 어머니 사이에서 태어난 재일동포 3세다. 일본에서 태어나 자라면서 유도를 배워, 중학교 때 전국구 선수로 성장해 일본 유도 최대 유망주로 꼽히기도 했다.

"태극마크를 달고 선수 생활을 했으면 좋겠다."는 몇 년 전 할머니의 유언에 따라 그는 일본에서 선수 생활을 청산하고 한국행을 택했다. 허 선수는 경북체육회에 선수 등록을 하는 과정에서 일본의 할아버지가 허석 의사 증손자라는 것을 알게 됐다. 허석 의사는 1919년 고종이 사망하자 그해 고종을 모실 사당을 지어 제사를 지낼 계획으로 터를 잡고 땅을 고르다가 일제 경찰에 체포되어 그해 5월 대구지방법원에서 소위 보안법 위반 혐의로 징역 1년을 선고받고 옥고를 치렀다. 이듬해 4월 만기 출옥 후 3일 만인 결국 옥고의 여독으로 순국하였다. 대한민국 정부로부터 대통령 표창에 추서되었으며, 이어 건국훈장 애국장에 추서되신 분이다.

허 선수는 은메달과 동메달을 따고 귀국하여 독립 유공자이신 할아버지 허석 의사 묘소로 가서 "할아버지 메달 따왔어요, 다음엔 금 따 올게요."하며 인사드리는 장면을 뉴스에서 보고 그 할아버지에 그 손녀라는 생각이 들었다.

사격은 진종오 선수의 후배들이 예상을 뛰어넘는 금 3, 은 3개를 맞추었다. 17세 반효진 등 2000년대 태어난 어린 선수들은 떨지 않았고 겁 없이 방아쇠를 당겨 맞추었다. 경험도 부족, 연륜도 쌓이지 못했지만 꾸준한 훈련과 놀라운 집중력으로 극복한 대단한 승리였다. 오래전 일이다. 북한이 올림픽 사격 종목에서 금메달을 따고선 기자회견에서 "적의 심장을 쏘는 자세로 목표물을 조준해서 좋은 결과를 얻었다."고 해서 국제 사회에서 스포츠 정신에 어긋난다는 평을 들었다, 특히 남한이 반공을 앞세우며 북한과 대치 상태였던 시기라 우리가 북에 대해 경계심을 더 가져야 한다는 이야기가 나왔을 정도였다.

배드민턴에서 안세영은 세계 1위 자리를 파리에서도 굳건히 지켰다. 부상 등 쉽지 않은 환경 속에서 '정신일도 하사불성'(정신이 하나로 모이면 어떤 일도 이루어 낸다는 뜻) 자세로 훈련과 경기에 임한 결과다.

제2의 장미란으로 불리우는 역도 박혜정은 어머니가 지난 4월 암과 싸우시다 세상을 떠난 슬픔 속에서도 평정심을 유지하며 은메달을 일구어내었다.

파리에 참가한 각 종목의 모든 선수들은 그간 많은 준비와 노력을 했다. 하지만 모두 메달을 따는 건 아니다. 노 메달리스트일지라도 노력하지 않은 선수는 없다. 모든 스포트라이트가 메달을 딴 주인공에게 쏠린다. 자신들의 목표에 도달하지 못한 선수들은 결코 낙심, 좌절하지 말고 4년 뒤를 바라보고 다시 시작하고 준비하는 자세로 임해 주기 바란다. 국민들도 이들에게 더욱 성원을 보내 주는 배려와 격려도 필요하다.

200개국 약간 넘는 파리 올림픽 참가국 중 금메달 한 개라도 획득한 국가는 63개국, 금 없이 은메달 한 개라도 획득한 국가는 15개국, 은 없이 동메달 한 개라도 획득한 국가는 13개국이다. 노메달 국가는 전체 참가국 수의 절반이 넘는 110여 개 국가이다. 더 확장하여 보며는 지난 수십 년 간 올림픽에 출전국으로 참가를 하고서도 메달 하나 따지 못하고 빈손으로 돌아간 국가는 70개국에 달한다. 결국 경제력, 기술력, 스포츠 환경 등으로, 물론 적은 인구 수도 영향이 있겠지만, 강국들의 잔치라는 말이 나오게 되는 거 같다. 한국은 태권도, 유도 같은 저비용 투여로 입상 가능한 스포츠를 개발도상국에 전수, 지원해 주는 역할을 해야 한다.

올림픽 종료 후에 훈훈한 뒷얘기도 있다. 양궁에서 김우진 선수와 대결한 '1점 궁사'라는 별명의 차드의 양궁 국가대표 '마다예' 선수는 세계 랭킹 201위이다. 김우진 선수와 경기하던 중 과녁의 흰

색 부분(1점)을 쐈는데 비웃음 대신 엄청난 응원 세례를 받았다. 차드에서 마다예는 유튜브에서 한국 양궁 선수들 영상을 보면서 독학으로 양궁을 배웠다. 그러나 1점을 쏘고선 김우진에게 패한 뒤 굴하지 않고 그의 다음 목표는 2028 로스앤젤레스 올림픽 출전이라고 했다.

이에 국내 양궁 장비 제조업체가 마다예와 후원 계약을 맺고 2028 로스앤젤레스올림픽까지 훈련과 경기 출전에 필요한 물품 일체를 해마다 제공 지원하기로 하였다.

올림픽은 끝났지만 내전과 반란에 고통받는 차드 국민들이 기뻐할 만한 것을 주고 싶다는 마다예의 희망이 실현되길 바란다.

나는 올림픽 경기를 중계가 아닌 직접 눈으로 본건 88년 서울 올림픽 기간이었다. 영어 통역 자원봉사자로 부산축구협회에 지원 신청하여 어학 시험에 더해 몇몇 심사와 면접을 더 거쳐 해외에서 온 올림픽 축구선수단 통역 가이드를 맡았다. 당시 부산 축구경기장에서 시합이 있는 대표팀은 서울서 내려와 호텔에서 1박씩 했었다. 독일, 호주, 중국팀에 이어 한국 대표팀도 하루 통역 가이드를 했었던 기억이 난다. 당시 김정남 감독에 최순호, 최강희 선수였는데 아르헨 대표팀에게 지는 장면을 시합 현장에서 보게 되어 그날 하루 종일 허탈한 기분이었다. 그 후 유럽에 몇 년 머물면서 92년 바르셀로나 올림픽 동안에 직접 가서 본 경기들이 양궁, 태권도(시범경기), 축구(스웨덴과 경기. 서정원 선수 출전), 그리고 마라톤이었다. 마라톤에서 황영조 선수가 우승을 하여 현지 교민들(주로 현지 태권도 사범) 길에서 모여 장구, 징을 치며 한바탕 우승 가무를 벌렸던 기억이 난다. 2년 후 노르웨이 오슬로에 일 때문에 방문하였는데 파리에서 기차로(새로운 경험차) 24시간이 더 걸렸다. 마침 릴리함메르 동계 올림픽이 다음 주에 개최되어 오슬로에서 기차로 현지에 도착해 보니 소도시여서 숙소 부족에 음식도 안 맞고, 고물가로 또 북유럽의 눈과 추위로 한 주간 더 기다리다 경기를 본다는 게 가성비로선 마이너스여서 3~4일 정도만 묵고는 파리로 돌아온 경험도 있다.

지금 같은 남북 단절과 대치가 최고조 상황에서 전쟁 위험을 줄이고 또 한반도 평화 정착을 위해 정치권에서 나서야 한다. 차기 2028년 올림픽은 미국 로스엔젤스, 그다음 2032년 올림픽은 호주 브리즈번으로 정해져 있다. 2036년 올림픽을 서울에서 다시 개최하고자 한다는 유치신청을 준비하고 실행해야 한다. 유치신청 시 남한에서 멀리 보고 서울·평양 올림픽 공동 개최를 내세우기를 바란다. 그리고 그 해 2년 앞서 열리는 34년도 아시안게임을 평양에서 열리도록 남한에서 제안하고 이에 따른 제반 지원을 하도록 한다. 아니면 평양·인천 공동 개최도 고려해 볼 수 있을 것이다. 이같은 스포츠를 통한 한반도 평화 정착과 교류의 물꼬를 터, 이를 기반으로 KTX 타고 부산에서 서울과 개성을 거쳐 평양에 이른 후 압록강 건너 베이징까지 가보는 날이 오기를 염원해 본다.

8.15 광복절 80주년을 맞이하여

지난 7월 초 5박 6일간 일정으로 인천 시민사회 일원 20명이 인천의 대표 독립운동가 '만오 홍진 선생'의 발자취를 따라 걷기 위해 중국으로 향했다는 소식을 뒤늦게 지역 사회 후배에게서 들었다.

'일제강점기 대표 독립운동가이고, 한성정부 수립, 임시의정원 의장 3회 역임, 임시정부 국무령'을 지낸 '만오 홍진 선생'을 만나기 위해 만오홍진기념사업회준비위원회(홍준위)가 주축이 되어 인천 시민답사단을 꾸려 만오 선생과 과거 독립운동가들의 행적을 찾아 먼 여정을 떠났던 것이다. 비록 출신은 인천이 아니지만 주로 인천에서 활동하였으며, 선생은 죽는 날까지 인천 문학산에 묻어 달라고 했었다는 거로 보아 인천과 많은 인연이 있는 인물이었다.

이번 답사는 상하이를 시작으로 짜싱, 하이엔, 항저우, 난징, 전장, 충칭 등 다양한 지역으로 옮겨 다닐 수밖에 없었던 당시의 김구와 만오 선생을 비롯해 대한민국 임정 요인들의 발자취를 따라 나서는 일정으로 진행되었다고 했다.

오늘은 상하이에서부터 충칭까지 이르는 대한민국 임시정부가 옮겨가며 일어났던 일들과 주요 인물들에 대해 써보려고 한다, 본 글은 내가 구독자로 있는 황현필 역사 강사의 유튜브 60분 영상 '임시정부 수립부터 광복까지'를 본 내용을 참고로 이를 정리해 본 것이다.

1919년 3월 1일부터 4월 30일까지 연인원 200만 명이 거리로 나섰던 거족적 3.1독립만세운동은 결과론으로는 독립 쟁취에는 실패했으나 독립운동에 지대한 영향을 끼쳤다, 이 운동으로 사망 7,000명에 이르고 투옥되고 고문당한 수가 10만 명이 넘었다. 이후 일제의 무단통치에서 문화통치로 바뀌고, 출판 언론 집회 결사의 자유에 문화 활동도 제한된 범위에서 가능하게 되었다. 3.1운동의 주체인 33인 그들이 과연 민족 대표의 자격이 있는가를 물을 수밖에 없다.
　손병희를 위시한 15인 천도교, 이승훈을 비롯해 16인 기독교, 한용운 포함 2인은 불교계이니 33인 모두 종교 지도자였다.

　3월 3일이 고종 인산일이어서 많은 사람들이 지방에서도 모일 거라고 예상했다. 민족 대표들이 3월 2일 거사를 치루자고 하니 기독교계에서 일요일 주일에는 절대 불가라 하여 천도교계에서 양보하여 1일 토요일에 탑골공원에서 거행하기로 정했다. 사전에 선이 닿았던 조선의 청년 학생들이 탑골공원에서 민족 대표 33인 나서 최남선이 쓴 기미 독립선언문을 읽어주길 바랐다. 해서 33인이 탑골공원에 가보니 민중의 눈이 이글이글 불타오르고 빨리 기미독립선언서를 읽어주면 우리가 폭동을 일으켜 독립을 쟁취하겠다고 했다. 실제로 공약 3장을 쓴 한용운은 결코 배타적 감정은 버리자고 썼다. 이들은 종교인이어서 비폭력을 지향했다. 그런데 이곳에서 만약 독립선언서를 읽어 버리면 폭력적 거사로 치닫겠다고 우려한 33인은 인근 태화관으로 옮겨 들었다, 태화관이 단지 요리 집이었다. 하기엔. 당시 기생도 있었으니 모양새가 빠졌던 건 사실이다. 근래 모 역사 선생이 이 곳을 룸살롱이라 묘사해 소송에 걸렸던 적도 있었다. 33인 중 4명은 겁이나 집으로 가고 29명이 모여 그곳에서 만세삼창을 불렀다. 뒤이어 정재용이라는 학생을 비롯해 다수의 학생들이 태화관에 도달하여 "선생님들 여기 있으면 어떻게 합니까, 어서 탑골공원으로 가서 기미독립선언서 읽어주십시오."하고 요청을 했다. 이에 대응하길 "아닐세. 우린 이곳에서 만세삼창을 했고 일경에게 자수했으니까 잡혀가겠네." 하였다. 정재용 학생이 탑골공원으로 돌아와 울면서 독립선언서를 읽었다.

만해 한용운 선생이 3.1운동을 겪으면서 바로 33인이 태화관에 모여 있다가 그 곳서 잡혀서 나오는 과정에서 겪은 일화를 쓴 게 있다. 조선일보에다가 그분이 쓴 글 제목이 '평생 못 잊을 상처'이었다. 당시만 해도 조선일보는 상당히 훌륭한 민족주의 신문이었다.

기미운동이 폭발될 때 온 장안은 대한독립 만세 소리로 요란하고 인심은 물 끓듯 할 때에 우리는 지금의 태화관 지점에서 독립선언 연설을 하다가 왜 순사놈들에게 포위되어 한쪽에서는 연설을 계속하고, 한쪽에서는 납치되어 자동차로 호송되어 가게 되었습니다. 나도 신체의 자유를 잃어버리고 자동차에 실려 좁은 골목을 지나서 마포경찰서로 가게 되었습니다. 제일 먼저 마포경찰서로 간 게 그때입니다. 열두 서너 되어 보이는 소학생 두 명이 내가 탄 자동차를 향하여 만세를 부르고 두 손을 들어 또 부르다가 순사의 제지로 개천에 떨어지면서도 부르다가 마침내는 잡히게 되는데 한 학생이 잡히는 것을 보고도 옆의 학생은 그래도 또 만세를 부르는 것을 차창으로 보았습니다. 그때 그 학생들이 누구이며 왜 그같이 지극히도 불렀는지는 알 수 없으나 그것을 보고 그 소리를 듣던 나의 눈에서는 알지 못하는 사이에 눈물이 비오듯 하였습니다. 나는 그때 그 소년들의 그림자와 소리로 맺힌 나의 눈물이 일생에 잊지 못하는 상처입니다.라고 기고 하였다.

그렇다면 3.1운동은 실지로 누가 출발시켰는가? 정재용을 비롯한 이 같은 학생들이 출발시켜서 각 도시와 농촌으로 확산이 되었다.

1918년 일제의 토지조사사업이 끝나면서 자영농이 소작농으로 전락하고, 생떼 같은 토지를 빼앗기게 되니까 농민들이 어떻게 평화적 저항을 하였겠는가? 곡괭이, 낫 들고 일어선 폭력적 저항운동이었다고 볼 수 있다. 그러나 3.1 운동을 이끌었던 주체는 학생과 청년들이었다. 실제로 죽은 사람, 감옥에 갇혔던 사람들 거의 대다수가 학생과 청년이었다. 그들은 내 동지들이 이렇게 많이 죽어갔는데, 그럼에도 불구하고 자신들이 독립 쟁취를 못 했다며 학생 청년들은 허무주의에 빠지고 사회주의 사상을 수용했다. 이 무렵 그들에게 한 줄기 희망으로 들어온 사상이 사회주의 사상이었던 것이다. 사회주의가 표방하는 게 '제국주의 박멸하자'이니 독립 운동가들 입장에서는 사회주의 사상으로 무장하면 일제와 타협은 없을 것이라 생각했다. 해서 일제강점기 시 독립운동가 대부분이 사회주의자였다. 우리가 일제강점기 사회주의자들을 빨갱이라고 매도하는 자들은 매국노적인 자질이 다분하다. 일제강점기 사회주의자들은 독립운동의 방약으로 사회주의 사상을 선택했다. 물론 사회주의자들 중에는 소아병 사회주의자라고 하여 오로지 계급투쟁에만 관심을 가지고 프로레탈리아 혁명에만 심신을 쏟아 오히려 우리 조국 독립보다는 전 세계 공산화에 관심을 가졌던 사회주의 독립운동가도 있었을 거다. 그들은 소아병적 사회주의라 한다. 사회주의자 독립운동가로서 여운형, 김원봉처럼 실은 이게 사회주의라 할 수 있나 헛갈리는 삶을 살면서 실상은 자신이 사회주의자였지만 민족주의자들과 언제든지 연대할 수 있었다. 김원봉은 일제강점기 시 좌우합작을 전개하여 민족 단결을 주장하며 조국 독립을 위해 노력했다. 여운형은 남북 분단의 위기에 처해 있을 때 좌우가 손을 잡고 통일 정부를 수립하려 했으니 사회주의자였지만 존경한다.

1910년대 해외 독립운동 기지가 여기저기 많이 만들어지고 있었다. 그리고 무장투쟁을 준비하고 있었다. 한데 1910년대 무단통치 하 국내에서 농민들이 곡괭이, 낫 들고 일제에 저항한 것을 보았다. 만주에서 무장투쟁을 준비하고 있던 독립군 입장에서는 '이 봐라! 우리가 총칼 들고 국내로 진격하여 잘만 하면 독립 쟁취가 가능하겠다.'고 보았다. 그래서 홍범도 장군의 봉오동 전투, 김좌진과 홍범도 장군의 청산리대첩이 모두 1920년도 3.1운동 직후에 일어났다. 하지만 민족지도자들은 고민하였다, 우리가 이렇게 가열차게 3.1운동을 전개했지만 결과적으로 조국 독립을 쟁취하지 못했다. 그렇다면 이유는 무엇인가? 이에 단재 신채호 선생이 말하길 '구심점이 없었다. 민족 대표 33인이 구심적 역할을 못했다. 이런 거족적 만세 운동이 일어날 때를 대비하여 여기저기 중심 단체가 세워졌어야 했다. 그래서 임시정부 수립이 필요하다'고 했다.

당시 상당히 많다고 할 수 있는 8~9개 단체가 우후죽순으로 설립되었다. 연해주에는 이상설의 대한 광복군 정부, 손병희 대통령의 대한국민의회 그리고 국내는 13도 대표 한성정부 등 이었다. 외국 공사관이 다수 있었던 상해 임시정부에는 국무총리로 이승만이 있었다. 그는 프린스턴 대학 박사학위를 받았고, 그 당시 총장이

훗날 미 대통령이 된 우드로 윌슨이었다. 민족자결주의를 천명한 윌슨은 우리 국민에게 상당히 유명인사였다. 이승만은 윌슨과 찍은 독사진 한 장을 지니고 있었다. 경력이 화려하다 보니 우두머리를 해 먹을 수 있었다.

1914년 블라디보스톡에 대한 광복군 정부가 설립되었는데 우리 역사상 최초로 공화정치로서 정통령에 취임했던 이상설은 1917년 47세로 아깝게 운명하였다. 그러지 않았다면 어찌 이승만 같은 자가 임시정부 대통령 꿈이나 꿀 수 있었겠나. 독립 운동사를 연구하는 분들은 이상설 선생의 이른 죽음에 상당히 안타까워한다. 무장투쟁은 당연히 만주나 연해주에서 행해진 것이다. 1919년 4월 세운 상해 임시정부에서 이승만은 국무총리를 하면서 미국에서는 계속 자신을 프레지던트(대통령)이라고 행세했다. 이에 안창호 선생이 '당신이 무슨 대통령? 총리이지' 하면서 싸웠다는 기록도 분명히 있다.

내가 지금껏 여러 자료를 검토해 본 바 이승만은 그냥 질이 나쁜 인간이다. 자신의 입신양명을 더 우선하였다. 연해주 대한국민의회, 국내 한성정부와 상해 임시정부는 아직 이승만 대통령 되기 전에 어디로 통합할 것인가 다투게 된다. 무장투쟁을 주장하던 이들은 국민의회로 하자고, 상해는 외국 공사관. 외교관도 많으니 외교로 독립을 위해 상해로 하자로 나오니 연해주 손병희는 외교 독립론자인 이승만에게 양보하게 된다. 한성정부 법통을 계승하고 대한국민의회를 흡수 통합하여 1919년 9월 상해에 통합 정부인 대한민국 국호가 최초로 사용된 대한민국 임시정부가 수립되었다.

대한 이란 국호는 1897년 고종이 황제가 되었던 대한제국에서 사용하였고, 임시정부에서는 제국을 빼고 민국을 넣어 사용했다. 여운형은 대한민국 구호를 별로 좋아하지 않았다. 조선인민공화국이라고 주장을 했다고도. 이러한 대한민국인데도 조선을 이어 연계되었고 임시정부 국호로 현행 헌법 전문에 적혀있는데, 즉 조선에서 대한제국으로 이어 임시정부로 광복 후 대한민국으로 온 것이다. 하지만 대한민국 법통을 부정하려는 세력이 있는 게 오늘날 현실이다.

상해임시정부는 초대 대통령 이승만, 총리 이동휘였는데 만주에서 무장투쟁을 주장한 이 총리는 사회주의자였다. 이미 임시정부 초기부터 좌우합작이 보인다. 이승만은 빨갱이하고 손을 잡은 게 아닌가 묻고 싶다. 임시정부는 공화정 체제였고 3권분립이 되어있었다. 입법부로는 임시의정원, 사법부로 법원도 있었고 행정부 역할의 국무원이 있었다. 임시정부가 유지되려면 자금이 필요했다. 이런 자금을 임정으로 가장 많이 보낼 수 있었던 곳은 한반도이자 우리 동포였다. 임정은 3권분립 체제의 공화정인데 그렇다면 지방 제도는? 현재와 유사한 제도는 만들지는 못했다. 하지만 8도 도지사로 도판, 군수를 군감, 면장을 면감으로 임명하였고 이를 연통제라 하였다. 이를 통해 한반도 각 지역과 연계해서 군자금을 받아들였다.

　교통국은 부산 백산상회를 통해 임정 요원 은신처로 또 무기 제공 역할을 했고, 이륭양행이 있었는데 이는 아일랜드계 영국인이 1907년 중국 봉천에 세워 조선 독립운동 지원하고 후에 의친왕 망명에도 협조했으나 실패로 돌아갔다.

　임정에서 군자금, 의연금 수령뿐 아니라 애국 공채도 발행했다. 종이로 된 채권인 공채는 예를 들어 경북 어느 군에 소재한 땅을 독립 후에 매입한 증서를 통해 주겠다는 문서였다. 국민들은 언제 독립할지 모르는 조국을 위해 그냥 사주는 것이었다. 엄정하게 말하면 당시의 공채 증서를 소지하고 있다면 광복 후 정부 수립 시부터는 이 증서를 통해 배상을 했어야 맞다. 그렇지만 문제도 있었다. 광복 후 서울 등지에 사는 친일파들이 자신의 신변 보호를 위해 공채를 급히 사들여서는 머리맡에 두고 자는 행태도 보였다. 누가 자신을 해하려고 오면 내가 친일파라고? 대응하며 애국 공채를 샀던 사람이라고 신변 방어 거리를 보여주기 위해서였다.

　미주 위원부에 들어온 한인들 모금은 이승만이 다 먹었다. 파리 강화 조약 무렵에 신한 청년단에서 보낸 파리 위원부 김규식은 임정에서 외무 총장으로 임명한 인물이었다. 상해 임정에는 군대도 있었다. 청산리대첩의 북로군정서, 서간도 신흥무관학교 부근의 서로군정서군 모두 상해 임정 산하 부대였다. 군을 직접 운영했다기보단 각 지역의 독립군 부대로 임정의 명령을 받아 수행하였으니 청산리 대첩은 임정 산하 부대의 승리였다.

독립신문하면 서재필로만 알고 있는데 임정에서 춘원 이광수가 운영한 독립신문이 있었다. 이때만 하더라도 이광수는 악질 친일파는 아니었다. 그랬던 이광수는 나중에 타협적 민족주의자로 변절하고, 개벽이고 동아일보에 민족 개조론을 썼던 그야말로 찐 친일파가 되었다.

한일 관계를 정리하는 사료 편찬사는 박은식이 맡았다. 1919년 수립 후 임정을 꾸려나가게 하던 연통제와 교통국이 발각되니 군자금 등이 못 들어오게 된다. 이승만은 6년간 대통령직에 있으면서 상해 체류는 6개월에 불과했다. 일설에는 안창호가 이승만에게 임정으로 돌아오라고 서신도 보내고 또 초기 이승만 총리 시절 그가 대통령이라고 칭하고 다니자 안창호는 당신이 왜 대통령이냐? 함부로 대통령 팔고 다니지 말라고 했다니. 답신이 오길 이미 세계 각국에 프레지던트(대통령)로 서명해 서신을 보내고 했는데 이제 와서 국무총리라고 한다는 게, 또 당신과 나와 싸우는 모습을 보이면 타국에서 임시정부를 어떻게 보겠는가 두렵다고 하면서 계속 대통령 유지할 거라며 이때부터 다툼이 있었다. 편지를 주고받으며 안창호가 내무 총장이었지만 거의 총리 역할까지 했다. 이동휘는 실제로 레닌의 독립운동 자금 착복 문제로 임정을 나가 있었던 상태였다. 이승만이 돈 없는 상해 임정에 머무르겠는가? 이 무렵 안창호가 미국 이승만에 상해로 오라는 편지에 답신으로 '나같이

고귀한 사람이 머물기에는 상해는 너무 위험하다'라고 보내왔다. 임정 요인들이 1923년 24년부터 이승만 때문에 부글부글 끓었다. 대통령이 상해를 오지 않으니 이게 무슨 대통령인가?

 이승만의 '위임통치청원서'를 날린 거에 대해 말해 보겠다.
 1914년 하와이에 대조선국민군단이 창설되었다. 박용만이라는 위대한 독립운동가가 있었다. 하와이 한인들에겐 거의 신적인 존재였다. 집안 자체가 굉장히 부자였다. 하와이 한인 이주민을 이끌어 가면서 하와이 정부로부터 한인들이 군대를 만들 수 있도록 허락을 받아낸다. 하지만 하와이 정부가 한인 군대에게 총까지는 허락을 안 하고 군복 입고 제식훈련 정도만 허하였으니 힘들여 대조선국민군단 만들고선 고작 제식훈련이라니. 그전부터 안창호와 다투고 하와이로 피신 오다시피한 이승만을 박용만이 챙겨주게 된다. 그런데 하와이 한인들이 박용만을 대폭 지지하고 있으니 이승만은 시기 질투를 느꼈다고 한다. 당시 박용만은 일본 군함이 하와이로 와서 정박한다는 소식을 듣고 그는 이를 통해 내가 무언가 역할을 할 수 있다며 절호의 기회가 왔다고 했다. 일본 군함을 폭파 계획을 세우게 되는데 이를 하와이 정부에 고자질한 자가 있었는데 그가 바로 이승만이었다. 그리하여 이 일로 법정에 서게 되었는데 한 명은 신고인 자격으로 한 명은 피고인 자격으로 섰다. 후에 박용만이 이런 말 했다는 설도
 '언젠가 우리 민족이 해방을 맞이하게 될 건데 이승만 같은 작자

가 민족의 지도자가 될 경우 이는 민족의 크나큰 비극이 될 거다.'

　원래는 임정에서 박용만을 외무총장으로 임명하려고 했으나 박용만이 '이승만이 대통령인데 내가 그자 밑에서 총장을 하겠느냐' 하고선 싫다고 했다. 당시 이승만이 대통령 되는 걸 싫어한 임정 요인들이 많았고 단재 신채호는 이승만이 대통령을 하면 임정에 남아있지 않겠다며 나가 버렸다. 박용만이 외무총장 안 하겠다고 하니 파리 김규식을 급히 총장으로 임명하게 되었던 것이다. 이승만은 임정 요인들로부터 별의별 욕은 다 먹었다. 그때서야 하와이 박용만이 이승만을 '위임통치청원서'를 썼던 사람이라고 알렸던 것이다. 이승만은 미 대통령 윌슨에게 현 조선이 일본의 식민통치하에 있으니 국제연맹이 나서 조선을 독립시켜 주라고 한 게 아니라, 일본으로부터 식민 통치 벗어나게 해서 국제연맹의 통치를 받도록 해달라는 청원을 했다. 임정에서 나갔던 신채호는 다시 돌아와서는 국내외 흩어져 있는 독립운동지도자들은 임정으로 헤쳐모이라고 했다. 신채호는 '이완용은 있는 나라를 팔아먹었는데, 이승만은 없는 나라를 팔아먹는다'라고 맹비난을 했다.

　일본 식민 통치 받기 싫으니 무슨 국제연맹 통치를 받는다고 하는가. 이는 지구 공공의 식민 통치 받겠다는 것이다. 그래서 이승만의 청원서 때문에 신채호가 임정으로 모이도록 해서 임정이 나가야될 방향을 모색코자 '국민대표회의'를 1923년에 개최했다. 두 파로 갈라져 순탄한 행보를 못했다. 창조파는 새롭게 임정을 수립

하자며 이승만의 외교 독립은 한계가 있으니 무쟁 투쟁으로 나가자고 했다. 주축인 인물은 신채호, 이회영 등. 개조파는 이승만의 잘못은 인정한다. 그러나 임정을 존중하고 잘못된 것은 고쳐 나가자고 했다. 주축인 인물은 안창호, 빠져나갔던 이동휘 등. 이동휘는 개인적으로 무장 투쟁론자임에도 불구 상해 공산주의자들을 이끌고 있었기에 개조파와 손잡았다. 회의는 6개월 정도 지나 결국 결렬이 되고 말았다.

그 와중에 이승만을 탄핵해야될 사안으로 올려 1925년에 끝내 이승만을 탄핵한다.

〈상해 임시정부 의정원(입법부) 이승만 탄핵 심판문〉

이승만은 외교를 빙자하고 직무지를 떠나 5년 동안 먼바다 한 귀퉁이에 머물다 난국 수습과 대업 진행에 하등 성의를 다하지 않았을뿐 아니라 허망한 사실을 제조 유포하여 정부의 위신을 손상시키고 민심을 분산시킨 것은 물론 정부 행정을 저해하고 국고수입을 방해하고 의정원의 신성을 모독하고, 공결을 부인하고 정부의 행정과 재무를 방해하고 임시 헌법에 의해 의정원 선거에 의한 취임한 임시 대통령 자기 지위에 불리한 결의라 해서 의정원의 결의를 부의하고 한성조직 계통 같음을 운운함에 대한민국 임시헌법을 근본 부인하는 행위라.

이같이 국정을 방해하고 국헌을 부인 이에 하루라도 국가 원수직에 두는 것은 진행을 기하기 불능하고 국법의 신성을 보존키 어렵고 순국 제현을 바라보지 못할 바이오 살아 있는 충용의 소망이 아니라. 고로 주문과 같이 심판함.

한국 통사에 '나라는 통째로 사라질 수는 있지만, 역사는 정신이기 때문에 사라질 수 없다'라고 한 백암 박은식 2대 대통령으로 취임한다. 하나 몸이 아파서 몇 개월 후 사임을 하고선 그 얼마 후 1926년 세상을 떠난다. 1927년경 그 2~3년 사이 임정 요인들 다 나가니 안창호도 임정을 떠나고, 이동휘는 사회주의 진영 만든다고 나가고, 신채호와 이회영의 경우는 임시정부에 크게 실망하곤 어떤 조직이나 국가가 개인의 자유를 억압하는 게 싫다고 이야기하면서 아나키즘(무정부주의) 운동을 한다. 얼마나 임시정부에 실망을 했으면 죄다 이곳을 떠났을까.

대통령제에 한계가 있다. 내각 책임제로 가자하여 국무령제를 택한다. 이상용이란 분이 초대 국무령이고 3대가 백범 김구이다. 이상용은 임정 초대 국무령 하다가 여러 패거리 문화에 손사래 치고 나간다. 실상 김구만 남는데 당시 40대였다. 김구는 전국적 지명도가 없었다. 김구가 혼자 지키는 임정은 죽은 임시정부였다. 이에 김구는 국무령으로서 톺이니 내가 내 이름으로 국무령 하는 게 득인가 실인가 손익계산을 해본다. 한데 '실이다'라고 생각한다. 해서 자신이 그 직함을 포기한다. 1927년 모든 국무위원들이 이끌어가자며 소위 집단지도체제로 변환시킨다. 이때부터 김구는 아무런 직함 없이 임시정부를 지킨다. 당시 프랑스 조계지 내에 상해임시정부가 있었는데 임정 청사 전세 낼 돈도 없었고, 밥 먹을 돈도 없어 여기저기 동포들에게 신세를 졌다. 김구도 생각한 끝에 대내외 독립운동가들에게 또 국내 동포들에게 임시정부가 살아 있다는 걸 알려야 하겠다로 방향을 튼다. 그러려면 무언가 역할을 해야 한다.

의열단을 창설한 김원봉은 '소위 민중이 테러 속에 깃들여져 있는 참뜻을 이해하지 못한다.'고 토로했다. 우리가 독립운동을 전개하는 중에 일본의 주요 인사를 저격하거나 일본의 주요 식민 통치 기관을 폭파하려고 했을 때, 그 과정에서 실수로 일본 민간인 한두 명을 죽인 경우는 있었지만, 우리가 독립 쟁취 과정에서 민간인을 대상으로 무자비한 테러 행위를 단 한 번이라도 했었던 적 있었던가 생각해 보자. 그런적이 없다. 그래서 1931년 김구가 만든 한인애국단이다. 그런데 이봉창이란 인물이 와서 '내가 일왕을 죽이겠다. 왜 독립운동을 한다면서 임정 사람들은 일왕 죽일 생각을 단 한 번도 못 하는가? 내가 죽일테다'라고 했다. 1932년 1월 이봉창은 일본으로 가서 도쿄 에도성 부근 경시청 앞 도로에서 수류탄 투척을 두 번째 마차에 했다. 하지만 아쉽게도 일왕은 첫 번째 마차에 타고 있었다. 지금 시대처럼 폭발물이 발달되어 있었다면 일본이 우리를 식민 통치 하기 어려웠을 거라 본다. 이봉창은 일왕 살해 실패했는데 일경이 다른 사람을 용의자로 잡아가려 하자 '저 사람이 아니다. 내가 너희 왕 죽이려고 했다'며 당당하게 체포당한 사람이 이봉창이다.

 이봉창 의거 후 당시 중국 신문에는 '아깝다. 일왕 죽일 수 있었는데…'하는 기사가 다수 올랐다. 그러다 보니 일본이 짜증 나서 중국을 침략, 이게 상해사변이다. 일본이 상해 침략하니 임시정부 입장에서 프랑스 내 조계지에 있지만 상해를 일본이 점령하고 일본 경찰이 왔다갔다하니 임정 입장에선 상당히 위태로웠다.
 상해를 점령했다는 전쟁 승리 기념식이 홍코우 공원에서 열리게 된다. 이봉창에게 감동을 받았던 윤봉길이 '내가 이봉창 선배처럼 나도 무언가 하겠다. 홍코우 공원에 가서 일본 장군들 싹 쓸어 버리겠다'하여 김구가 윤봉길에게 물통 폭탄을 제공하고 홍코우 공원 단상에 있던 시라카와 일본 대장 등을 죽였다, 이 역시 1932년이었다.
 '봉봉 브라더스'라고 말해주고 싶다. 이봉창, 윤봉길.

 여담으로 아들 낳으면 이름에 '봉'자를 넣으시라 하고 싶다. '봉'자 든 이름은 민족을 배반하지 않는다. 김원봉, 김두봉(중 화북조선독립연맹 주석. 1956년 북 정권 수립 후 김일성 제거 쿠테타의 주역. 국문학자이기도), 양세봉(조선혁명군 총사령관. 무장투쟁만 보면 독보적 인물. 중국 랴오닝에 만주족도 한족도 아닌 조선인 임에도 양세봉 동상을 멋있게 크게 세움) 다섯 분 모두 '봉'자가 든 이름을 가지고 있다.

상해 형편이 이러다 보니 임정이 이곳에 더 머물기 어려운 형편에 봉착, 상해를 떠난다. 항저우, 난징, 창사, 광저우, 충칭으로. 32년 상해를 떠나 40년 충칭에 도착하니 8년의 고난의 행군이었다. 임정이 상해를 떠날 무렵 중국에는 국민당 장제스 정부, 공산당 마오쩌뚱 정부 두 개가 있었다. 32년 장제스가 김구를 만나 100만 중국 군대가 해내지 못한 일을 조선 청년 1명이 상해에서 해냈다며 자신이 항일전을 전개하고 국민당 군이 이처럼 싸우게 되었다고 하며 곧 중일 전쟁이 일어날테니 그 와중 자리를 잡을 거고, 김구 당신은 자신을 따라다니라고 했다. 또 당신이 중국 내륙에서 무장단체 세워주도록 하겠다. 이에 김구는 이 말만 믿고 무려 8년간 아무 직함 없이 이런저런 수모를 겪으며 장제스를 따라 중국 내륙 충칭(중경)까지 갔다.

이래서 1940년부터 45년까지 충칭 임시정부가 자리하게 된다. 이곳에서 27년 상해 임정 집단지도체제 출범 후 13년을 무직함으로 임정을 이끌었던 김구는 주석이 된다. 충칭으로 입성할 무렵 지청천, 조소앙 등과 합류하게 된다. 이런 연유로 임시정부하면 이승만과 김구가 떠올려진다.

1940년 충칭에 한국광복군을 설립하고 광복군 사령관 지청천, 참모장에 이범석이 된다. 장제스가 32년에 했던 약속을 지킨 선물이었다. 조소앙은 학자였으니 충칭 임정에서 건국이념을 발표. 3균 주의를 표방했는데 정치, 경제, 교육의 균등이었다. 경제로 말하자면 사회주의 요소가 보인다. 44년엔 김규식이 임정 부주석이 된다.

　한코우에서 장제스가 김구 뒤통수를 친 경우도 있다. 1938년 장제스가 김원봉에게 이곳에 조선의용대를 먼저 창설토록 해준 것이다. 장제스 휘하 국민당군은 항일 투쟁에 열심히 없는 반면 마오저뚱의 팔로군은 한일 투쟁에 열심이었다. 조선의용대가 민족주의자 장제스 후원으로 창설은 했으나 소속원의 일부는 사회주의자들이었다. 국민당군이 일본과 제대로 안 싸우니 자신들을 마오저뚱에 보내달라하여 팔로군이 있는 화북지대로 올라갔다. 난징이 함락되고 김원봉 부대가 화북으로 갔으나 현지에서 지휘체계도 그렇고 그곳에서 미합류 상태인 와중에 김구가 김원봉에게 충칭으로 오라고 하여 1942년 조선의용대 일부가 충칭 임정에 합류하게 된다. 그러나 광복군 수의 몇 배인 다수가 조선의용군으로 화북에 남고 향후 숫자가 3~4만에 이르렀고 해방 후 북한으로 들어가고, 광복군은 남한으로 들어왔다. 아직도 일부 측에선 당시 독립운동군 수가 미미하지 않았냐고 하였지만 무얼 모르고 하는 말이다.

　충침에서 1940년 광복군 창설, 41년 대일선전성명 발표, 42년 일제강점기간 최고의 좌우합작인 조선의용대의 합류, 43년 인도. 미얀마에서 영국군과 연합 작전, 44년 CIA 전신인 미 OSS와 합동 훈련(일군에서 탈출한 장준하 합류), 45년 9월 국내 진공 계획하고 정진군이란 부대 이름으로 독수리 작전을 수립하였다.

첫 번째 소원이 독립이요 두 번째 소원도 독립이요 독립된 조국의 정부 청사 문지기를 해도 행복하겠다던 김구. 45년 8월 15일 해방이 되던 날 "선생님, 일본이 미국에 항복하여 우리가 해방을 맞이하였습니다." 하니 김구는 울었다. "이 사람들아 내가 원하는 해방은 그게 아니네." 하였다.

김구의 생각은 우리 지체가 주도적으로 어떤 역할을 했어야한다. 승전국 입장에 서서 프랑스처럼 외세의 간섭없이 또 국토 분단 획책 없이 제대로 우리나라가 승전국 행세하면서 일본에 단죄를 가할 수 있을텐데 이에 상응하는 어떠한 역할을 못 한 상태에서 일본의 미국 원폭에 패망한다면 승전국은 미국과 소련이다. 우리는 그들의 눈치를 보아야 한다. 우리 스스로 일본 단죄는 불가하게 된다는 것이었다. 김구가 원했던 해방은 이게 아니었다. 우리 역사가 재미없게 꼬여서 지금에 이르러 많이 아쉽다.

해방되기 전 김구, 지청천, 조소앙, 김규식, 김원봉 5명은 카이로에서 미 루즈벨트 대통령이 장제스를 불러 만날 거라 하니까 5명은 국민당 장제스를 만나서 압박을 가한다. 당신이 루즈벨트 대통령을 만난다고 하는데 2차 대전에서 일본이 패하면 국제사회로부터 한반도의 독립을 받아내라. 해서 1943년 11월 장제스와 루즈벨트, 처칠이 만나서 카이로 선언을 하였다. 선언문을 보면 1차 세계대전 이후에 식민 지배를 받는 국가들로서 이번 패전국의 식민지 국가는 독립시킨다. 그런데 1차 세계대전은 1914년 발발, 우리는

1910년부터 식민 지배를 받았다. 카이로 선언문에 의하면 일본이 2차세계대전 즉 태평양 전쟁에서 미국과 소련에 의해 패망한다 하더라도 우리는 독립이 불가능하였다. 그런데 선언문에 깨알만 하게 한국 건만 부록으로 들어갔다. 한국인들이 일본 식민 통치하에 노예적 삶을 살고 있는데 유의하여(국제사회에서 이렇게 봄) 적절한 시기에 따로 독립시킨다로 적혔다.

1914년 1차대전 이전에 일본의 식민지가 되었지만 한국만큼은 따로 독립시킨다. 그래서 5명이 장제스에게 압력을 넣고 그 문구가 들어갔기에 때문에 카이로 선언문이 1943년에 발표되면서 한반도에 있는 우리 동포들은 태평양 전쟁에서 일본이 패망하면 우리는 자동 독립된다는 걸 알았다. 이 때문에 원폭 투하로 미국이 승리하고 일본이 패전국이 되어 우리가 해방된 것은 사실이다. 하지만 우리 독립운동가들의 노력이 없었다면 1차 대전 이후 식민지 국가들만 독립을 하고 우리나라는 직접 독립도 하지 못한 채 있었을 것이다. 우리의 노력이 없었다면 영토 문제를 다룬 51년도 샌프란시스코 조약에 가서야 독도가 누구 땅인가 싸움이 아니라 한반도의 독립 문제를 두고 싸울뻔하였다.

이러니 독립운동가들이 기여한 부분이 분명히 있다. 미국이 원폭 투하 안 하고 일본이 승리했다면 독립 못 했을 것은 인정한다. 그러나 마국이 승리했다손 치더라도 우리 독립운동가들의 노력이 없었으면 1945년 8월 15일 직접 광복은 불가능했을 거라고 본다.

그만큼 독립운동가들의 역할이 분명히 있었다. 이래도 우리의 독립운동이 해방과 독립에 별 영향을 받지 않았다고 할 수 있겠는가? 묻고 싶다.

　과연 이승만은 국부인가? 아니면 독재자인가?
　이 역시 다시금 생각해 보게 된다.

지구 종말? 아니다. 인류의 종말일뿐

　이정모 과학자는 연세대학교와 같은 대학원에서 생화학을 공부하고 최종 학력은 독일 본 대학교에서 유기화학을 연구했지만, 박사는 아니라고 한다. 이후 안양대학교 교수, 서대문자연사박물관장, 서울시립과학관장을 역임했으며, 2020년 2월부터 국립과천과학관장으로 봉직했다. 다양한 방송 등에 출연하여 대중들에게 과학을 쉽게 전달하는 과학 통역사 역할을 하고 있다. 저서로 〈과학이 가르쳐준 것들〉〈과학관으로 온 엉뚱한 질문들〉〈살아 보니, 진화〉〈공생 멸종 진화〉〈찬란한 멸종〉 등을 썼다.

　내가 이정모 관장을 지면으로나마 알게 된 건 수년 전 한국일보에 고정 칼럼을 연재하여 이를 꾸준히 읽어보게 되면서부터이다. 나 역시 기후변화 아니 기후 위기에 관심이 있는데 지금의 대멸종 위기의 원인 제공자는 우리 인간이요, 자본주의와 과학 문명 추구 역시 원인을 제공한다고 생각한다.

　성경에 하나님은 여섯째 날에 사람을 지어 이 땅에 살도록 했는데 얼마 후 이를 심히 후회한다고 했다. 그리고선 물로서 대정리

정돈을 한 후 무지개를 띄웠다. 앞으론 물로서 벌하지 않는다는 징표로서. 그렇다면 지금의 우리를 내려다보는 창조주는 오만과 이기심에 가득찬 인간들을 이제 더 이상 못 봐주겠다고, 또다시 대청소해야겠다며 이 지구의 기온을 높여서 뜨겁게 하여 불로서 정리하려는 게 아닌가 한다.

나야 칠순을 넘어서 살고 있지만 길에서 동네에서 보게 되는 유모차 탄 아이들, 유치원에 초등학교에 다니는 아이들과 마주치게 되면 저들이 한 창 나이가 될 반세기 후에 지구에서 별 탈 없이 살아 갈 수 있을까? 하는 연민과 안타까움이 겹쳐진다. 앞으로도 지구 생태계와 기후 위기를 고려하지 않고 획기적인 개선 없이 말이다. 심지어 '태어나지 않은 자, 그대 복 되도다'라는 말이 떠오르니.

기후 위기는 인류 모두의 운명이지만 수난과 고통은 가장 낮은 곳부터, 가장 무고한 이들부터 엄습한다. 전 국립기상과학원장 조천호 박사가 '네이처 기후변화' 저널 등을 인용해 분석한 바에 따르면, 기후 위기는 세대별, 지역별, 계층별로 철저하게 차별적이다. 인류가 화석연료를 태워 배출한 이산화탄소 총량의 80%가 1960년 이후에 발생했는데, 그 온실가스의 3분의 1은 현재의 60대 이상이 배출해 온 것이다. 1950년 출생자는 10년에 0.12도의 기온 상승을 경험했지만 1980년 출생자는 50%가 높은 0.19도를, 2020년 출생자는 3배나 더 높은 기온 상승을 마주할 것이라고 한다. 할아버지 할머니가 만든 지구 온난화의 저주를 무고한 손주 세대가 떠안는

셈이다.

 지역과 계층에 따른 기후 불평등은 더 잔인하다. 세계 온실가스의 약 80%는 소득이 높은 20개국에서 발생한 것이다. 2020년 기준 중국이 1위, 미국이 2위, 한국도 10위에 해당한다. 기후위기의 원인 제공자들은 잘사는 나라, 잘사는 사람들인데 그 피해는 기후 위기에 제일 책임이 덜한 나라와 하층 계층부터 집어삼킨다.

 37도보다 인간의 체온이 높게 설정되어 있으면 더위에 효과적으로 대처할 수 있을 것이다. 불행하게도 체온은 우리의 선택 사항이 아니다. 처음 포유류가 진화를 할 때 세균이나 곰팡이의 침입을 억제하고 세포 안 대사 효소의 활성을 최대로 끌어내고자 설정한 온도가 바로 37도인 것이다. 그 당시 지구의 최고 온도는 체온보다 낮았을 것이다. 그렇지 않았더라면 땀 흘리고 혈관을 확장하느라 다른 일을 할 여력이 없었을 테니 말이다.
 초기 인류는 지금의 더위를 예측하지 못했다. 우리는 지구를 떠날 수 없다. 그러니 할 일은 둘 가운데 하나다. 해결하든가 아니면 파국에 이르든가.

 마침 이 관장께서 〈인류 멸종 시나리오, 너무 짧게 살다 가서 억울한 인간〉이란 주제로 강연한 것을 듣고 글로 옮겨 보았다.
 이 관장은 여섯 번째 대멸종을 맞고 있는 인류가 조금이라도 더 지속 가능하려면 지난 멸종 사건에서 배워야 한다고 강조한다.

〈강연 내용 요약〉

 1990년대 즈음 당시엔 과학자들이 '아, 여섯 번째 대멸종은 짧으면 5백 년 길면 1만 년쯤 걸릴 거야.' 했는데, 그런데 그때도 완전히 터무니없이 긴 거였고요. 5백 년에 대해서 생각이 좀 달랐어요. '과학자들이 말이야. 시민들 겁주려고 너무 짧게 잡은 거 아냐 그랬죠' 아까도 그래프 보셨는데 왜 그래프가 달라붙어 갑자기 점프해 있잖아요. 이런 식의 변화를 하면 5백 년은 너무나 터무니없이 긴 거예요. 길게 잡아야 120년에서 150년 정도일 거라는 생각을 합니다. 모든 생명은 멸종이 돼요. 그거 당연한 겁니다. 우리가 인간이라고 어떻게 멸종이 안 되겠어요. 그런데 지금 호모 사피엔스는 등장한 지 30만 년밖에 안 됐잖아요. 자연사를 보면 우리 같은 존재는 최소한 100만 년, 130만 년 정도 존재하는 게 상식입니다. 근데 우린 30만 년밖에 안 됐는데 짧으면 뭐 5백 년 길면 1만 년 걸린다. 그러는 거예요. 그러면 안 되는 거잖아요. 지금 상태로 그냥 있으면 저는 금방 멸종한다고 생각합니다. 인간 없는 우주가 우리에게 무슨 의미가 있습니까?

 자, 진화 생명의 가장 중요한 요소가 진화인데요. 진화의 전제 조건이 있습니다. 새로운 생명이 생기려면 그전에 무슨 일이 있어야 될까요? 여러분은 뭐라고 생각하십니까? 새로운 생명이 생겨나려면 누군가 자리를 비켜줘야 되는 거예요. 이것을 누가 비워줘야 채우는 거죠. 생명의 진화가 일어나려면 그 전에는 멸종이 있어야 되는 겁니다. 그런데 멸종은 원인은 뭡니까? 환경이 바뀌는 거잖아요. 환경이 바뀌면 살 수가 없는 거죠. 생명에게 가장 중요한 생존 조건이 뭔가 봤더니, 분명하게 그건 기후라고 이야기합니다. 이 얘기는 뭐냐면 기후가 바뀌면 멸종을 할 수밖에 없고, 멸종하게 되면 진화가 일어나는 것이죠. 지금까지 일어났던 모든 멸종 지금까지 일어났던 모든 기후변화는 우리에게 좋은 거였어요. 그 덕분에 우리가 등장할 수 있었으니깐요. 근데 문제는 뭘까요?

지금부터 일어나는 기후변화, 지금부터 일어나는 멸종은 문제입니다. 왜? 우리가 그 대상이 될 수 있기 때문입니다. 인간도 하늘에서 뚝 떨어지지는 않았습니다. 대략 700만 년 전에 한 조상에서 갈라진 두 새끼가 있었습니다. 한 새끼는 침팬지의 조상이 되고, 다른 새끼는 인류의 조상이 되었죠. 그런데 인류가 진화하는 과정에도 기온은 중요한 역할을 했습니다. 5억 년 전에는 지금보다 15도나 온도가 높았습니다. 엄청나게 더웠던 거죠. 지금도 더워 죽겠는데. 왜 이렇게 온도가 높았을까요? 이산화탄소 농도가 어마어마하게 높게 있었거든요. 그다음에 나무가 생기면서 점점 그 나무 속에 들어가서 땅속에 파묻혀 있었던 거죠. 고생대에서 중생대로 넘어오는 세 번째 대멸종 때는 생명의 95%가 멸종했습니다. 중생대에서 신생대로 넘어가는 다섯 번째 대멸종 때는 육상에서는 고양이

보다 커다란 동물은 싹 죽었어요. 인류가 등장합니다.

700만 년 전입니다. 지금보다 훨씬 더웠습니다. 다행이죠. 아무것도 없는데 더웠으니. 그다음에 어떡해요. 오스트랄로피테쿠스, 호모하빌리스가 등장할 때도 지금보다 더웠어요. 그런데 200만 년쯤 전에 호모 에렉투스가 등장할 때부터는 추웠습니다. 200만 년 동안 계속 추워요. 그렇다면 호모 에렉투스에게 뭐가 필요했을까요? 바로 불입니다. 그들이 사용한 불은 뭘까요? 번개라고 생각하신 분 계실 겁니다. 설마 어떤 엄마가 애들 보고 "야 번개다. 번개 쳤네. 산불 났네. 번갯불 좀 구해와" 그랬겠어요 "야. 저 불 무서운 거야. 절대로 가면 안 돼" 그랬죠. 한데 갔을 겁니다. 엄마 말 안 듣고 가서 걔네들 어떻게 됐을까요? 불타 죽었죠. 그런데 모든 아이들이 불타 죽지 않고 누군가는 살아오는 애들이 있는 거예요. 불의 뜨거운 장엄함을 경험하고 거기 익어져 있는 토끼, 쥐를 먹어보니까 '맛있네. 소화도 잘되네' 아 불 좋은 것이다. 가지고 옵니다. 그걸로 이제 모닥불을 피우게 됐겠죠.

모닥불을 피운 순간 인간은 다른 짐승과는 전혀 다른 차원의 생명이 됩니다. 일단 시간과 공간이 엄청나게 늘어나요. 옛날엔 추운 곳에 살 수 없었죠. 밤중에 추워서 어떻게 살겠어요. 이제 불이 있으니까 추운 곳으로 이사 갈 수 있습니다. 추운 곳에 가면 너무 좋은 거예요. 벌레도 적고 그다음에 어차피 그 당시엔 먹을 건 많았거든요. 또 불을 피우니까 시간이 엄청나게 길어집니다. 해지면 깜깜해서 자야되는데 그걸 사용하니 시간을 많이 쓸 수 있어요. 시간이 많으니까 어떻게 해요. 대화를 하고 지혜를 전수할 수가 있죠. "야, 너 사냥할 때 떠들지 말란 말이야. 빨간 거 함부로 따먹으면 큰일 나" 지혜를 전수하는 거예요. 또 어떻게 해요. 오손도손 이야기하다 보니까 아주 돈독해지죠. 그리고 뇌가 엄청나게 커집니다. 엄청나게 많이 먹을 수 있게 됐기 때문이죠. 동물원에 가보면 침팬지는 하루 종일 씹어먹고 있습니다. 최소한 5시간에서 보통 12시간 14시간을 씹어 먹어요. 그 정도 씹어 먹어야 겨우 자기 체온을 유지할 수 있습니다.

익혀 먹지 않기 때문이죠. 여러분은 하루에 얼마나 씹어 드십니까? 저는요, 딱 보니까 하루에 씹는 시간이 30분도 안 되더라고요. 후다닥 후루룩 먹고 마는 것 같아요. 그러니까 시간이 엄청나게 많이 남잖아요. 남은 시간을 잘 활용할 수 있죠. 문화를 발전시키고 과학을 발전시킬 수 있었습니다. 침팬지는 하루 종일 먹기만 해도 돼요. 할 수 있는 게 하나도 없는 거예요. 거기다가 뇌도 엄청나게 커집니다. 옆모습을 보면요 침팬지는 이마가 여기 있으면 턱이 여기까지 나와 있잖아. 이렇게 돼 있잖아요. 사람은 수직으로 서 있습니다. 아니 이게 쑥 들어간 게 아니에요. 이마가 나온 거예요. 그만큼 뇌가 커진 거죠. 그러다가 150만 년쯤 처음 불을 사용하기 시작했는데요. 불을 일상적 스스로 피워서 모든 지구인이 불을 쓸 수 있게 된 때가 30만 년 전 입니다. 운도 좋은 호모 사피엔스가 등장하죠. 호모 사피엔스는 30만 년 전에 등장합니다.

30만 년 전에 등장한 호모 사피엔스와 우리는 똑같은 호모 사피엔스예요. 근데 30만 년 전에 등장하는 호모 사피엔스와 우리가 똑같은 호모 사피엔스인데 29만 년 동안 가만히 있다가 1만 년 전에야 농사를 짓게 됩니다. 아니 29만 년 동안 뭐 하다 막판 1만 년 동안 농사를 짓는데, 그게 사람이 똑똑해서가 아니에요. 기후가 바뀐 겁니다. 2만 년 전에서 1만 년 전 사이의 그 만 년 동안 4도가 확 올라가면서 빙하기가 끝나요. 그리고 지구에는 처음으로 농사를 지을 수 있는 환경이 만들어진 거죠. 그러니까 사람이 우리가 농사를 짓고 문명을 발명하게 된 거는 사람이 똑똑해져서가 아니라 기후가 변했기 때문입니다. 진화의 원동력이 기후변화였잖아요. 마찬가지로 문명의 원동력도 기후변화였던 겁니다. 사람을 사람답게 만든 혁명은 커다랗게 두 가지라고 할 수 있습니다. 첫 번째가 농사 혁명 즉 농업혁명, 두 번째가 산업혁명이에요.

둘 다 이산화탄소를 높였죠. 그러니까 기원전 2만 년 전 만년 사이에 4도가 확 오르면서 인구가 5만에서 400만으로 늘어납니다. 하지만 그러고는 인구는 거의 늘지 않습니다. 그런데 산업혁명과 함께 인구가 확 늘어서 80억 명이나 됐습니다. 아마 지구의 산업혁명이 일어나지 않았으면 지구 인구는 기껏해야 10억 명에 불과했을 거예요. 그런데 지금은 80억이나 됐잖아요. 산업혁명이라는 게 뭡니까? 요약하자면 이런 겁니다. 석탄과 석유라고 하는 말도 안 되게 싸고, 강력한 에너지를 마음껏 쓰게 된 게 산업혁명이에요. 근데 농업혁명이나 산업혁명이나 다 사람을 사람답게 만들어줬는데 그 결과가 이산화탄소를 늘린 거예요. 아니 산업혁명 때문에 이산화탄소 늘어난 걸 알겠어. 그런데 왜 농업혁명 때문에 늘어났는데? 늘어납니다. 그래가지고 우리가 1.5도 이야기를 많이 하잖아요.

산업화 이후에 1.5도가 될 거 같아. 언제 될까? 23년 7월부터 올해 6월까지 딱 보면요. 1.5도 밑으로 내려간 달이 한 달도 없었습니다. 적어도 최근 1년은요, 1.5도를 넘어섰을 거예요. 작년 23년 7월부터 올 24년 6월까지만 따지면 지구의 대기 온도는 산업화 이후보다 1.64도가 올라갔습니다. 어마어마하게 올라간 겁니다. 하지만 2도는요 거의 임계점이에요. 2도까지 올라가게 놔두면 안 됩니다. 왜냐하면요 2도가 되면 온도는 이렇게 오르게 돼 있어요. 2도가 되면 엄청나게 많은 만년설과 빙하가 녹아요. 지금은 상당히 많은 에너지가 어떻게 되나요? 만년설과 빙하의 반사돼서 나가잖아요. 그만큼 그것들이 다 쏟아져 들어와서 온도가 확 오르게 됩니다. 그래서 우리가 1.5도에서 막자. 그런 거죠. 아 근데 1.5도 이미 넘었어. 어떻게 된 거야? 예전에 과학자들이 1.5도 얘기할 때인데요. 1.5도의 못 막으면 금방 2도 될 줄 알았어요.

그래서 걱정을 했는데 그사이에 과학이 엄청나게 발전을 한 거예요. 1.5도 못 막으면 1.6도 1.7도를 막으면 될 것 같아요. 기후변화를 극복하는 데 필요한 기술의 95%는 이미 있습니다. 기술이 없는 게 아니에요. 문제는 뭐냐? 의지가 있냐는 겁니다. 의지가 뭡니까? 법을 만들어서 우리 자원에 세금을 투자할 생각이 있냐는 거죠. 지구를 보면 지금까지 지질 시대에서 다섯 차례의 대멸종이 있었습니다. 우린 지금 신생대 끄트머리에 있잖아요. 여섯 번째 대멸종 인류세를 겪고 있습니다. 아니 세 번째 대멸종이 가장 많이 대멸종했는데 그때도 5% 살아남았네요. 아 여섯 번째 대멸종 때도 우리만 살면 되지. 이게 뭐가 문제야? 그렇게 생각할 수 있어요. 역사에서 배워야 됩니다. 지난 다섯 차례 대멸종을 보니까 그 당시 최고 포식자는 반드시 멸종한 거예요. 근데 지금 최고 포식자가 누굽니까? 우리잖아요. 우리가 그 대상이니 걱정이 되는 거예요.

또 최고 포식자 말고 또 다른 것도 있어요. 생물량이 삼각형 모양의 먹이 피라미드 있잖아요. 생물량이 제일 많지요. 최고 포식자는 반드시 멸종하는데 놀랍게도 인류는 최고 포식자면서 생물량도 제일 많아요. 얼마나 위대합니까? 근데 이게 문제죠. 최고 포식자로도 생물량으로도 인류는 여섯 번째 대멸종을 통과하지 못할 것 같다는 거예요. 역사를 보니까. 자 그럼 우리 답을 어떻게 찾아야 될까요? 우리 답은 역시 역사 즉 자연사에서 찾아야될 것 같습니다. 제가 얻은 결과는 이런 겁니다. 지난 다섯 차례 대멸종은 다 기후변화 때문에 왔습니다. 근데 이 기후변화의 원인이 뭐냐면 자연적인 거였어요. 화산이 터지든지 대륙이 합쳐지든지 운석이 부딪치는 거였습니다. 그 당시에 생명체들이 책임이 있을까요? 그 당시 생명체들은 할 수 있는 게 하나도 없는 거예요. 속수무책이었습니다.

근데 지금 우리가 겪고 있는 인류세, 대략 1950년부터 시작한 여섯 번째 대멸종, 인류세도 원인은 기후변화입니다. 근데 이 기후변화의 원인이 누굽니까? 바로 우리잖아요. 인간입니다. 이게 우리에게는 엄청난 행운이죠. 만약에 지금의 기후변화 원인이 자연이라고 합시다. 화산이 터져요. 우리가 화산 터지는 거 막을 수 있나요? 대륙이 합쳐져요. 다시 다 밀어낼 수 있나요? 운석 쳐낼 수 있나요? 못하잖아요. 근데 인간이란 말이에요. 그러니까 편하죠. 우리만 변하면 되는 아주 간단한 일입니다. 어떻게 변하고 있을까? 실제로 인간들은 엄청나게 변하고 있습니다. 산업혁명과 농업혁명으로 이산화탄소가 계속 증가할 수밖에 없지만, 그 와중에도 우리는 이산화탄소 증가를 멈추게 할 수 있는 기회들이 있었어요. 주로 경제 위기 때였습니다. 이때 미국과 유럽은 엄청나게 감소시킵니다. 우리나라는 약간 깡패 국가. 한 번도 줄인 적이 없었어요. 아니 이상해요.

유럽과 미국이 이렇게 감소시키는데 저렇게 많이 뭐 수십%씩 줄이는 데도 왜 전 세계 이산화탄소 배출량은 늘어날까요? 우리는 얼마 전까지만 해도 쉽게 남의 핑계를 댔습니다. 바로 중국과 인도입니다. 중국과 인도가 엄청나게 경제 개발을 해 나가면서 두 나라가 이번 파리 올림픽 때 보니까 15억, 15억 둘 합치니 30억이더라고요. 80억 중에 두 나라가 30억을 차지하고 있어요. 그런데 그 두 나라가 엄청나게 경제 개발을 하니 이산화탄소가 쏟아질 수밖에 없었죠. 이것도 몇 년 전까지 우리가 할 수 있는 이야기였습니다. 이제는 우리는 더 이상 중국과 인도 핑계를 댈 수가 없습니다. 왜? 그들이 변하고 있기 때문입니다. 인도를 볼까요. 인도는 태양광 발전이 2022년과 2023년 1년 사이에 10,2기가와트를 늘렸습니다. 2024년 상반기에만 12.1기가와트를 늘렸어요.

아니 12.1기가와트가 얼마야? 그 숫자로 얘기하지 말고 얼마든지 비교할 걸 줘야지 이렇게 말씀하신 분 계실 거예요. 드리겠습니다. 우리나라 원자력 발전 한 기가, 1기가와트입니다. 근데 인도는 6개월 동안에 우리나라 원전 12기만큼을 태양광을 확보한 거예요. 그 나라 인도가 갑자기 뭐 지구의 기후를 걱정해서 이럴 리는 없잖아요. 왜 그렇게 했을까요? 가장 싼 에너지원이 태양광과 풍력이기 때문입니다. 그러니까 우리는 답은 알고 있는 거죠. 기술이 있는 거잖아요. 인도도 하는데 우리가 못할까요? 네, 우리가 하도 인도 탓 중국 탓 많이 하더라고요. 우리가 정말 그럴 건가? 역시 숫자가 중요하더라고요. 저 반성 많이 했습니다. 1인당 배출하는 이산화탄소양으로 1등이 호주고, 2등이 우리나라 3등이 중국이에요. 우리나라 보니까 전 세계보다 평균 한 3배 이상을 쓰고 있는 겁니다. 우리나라 선진국 아닙니까? 잘 사는 나라예요. 그러니까 많이 배출할 수도 있죠.

여기까지 이해할 수 있어요. 그런데 EU와 비교해 봐도 더 많은 거예요. 3배 이상입니다. 아니 우리나라가 낭비한 건 사실. 제가 독일에 10년 살았었거든요. 그 사람들 되게 검소하잖아요. 조금 씁니다. 하지만 우리의 3분의 1 이상을 덜 쓴다고 생각하지 않거든요. 아니 유럽 사람들도 에너지는 다 쓸 텐데, 왜 이러다 배출하는 이산화탄소 양이 우리 3분의 1도 안 돼, 왜 그럴까요? 에너지 쓰지만 어떻게 이산화탄소 배출하지 않을까요? 사용하는 전기가 다른 겁니다. 그들은 풍력과 태양광을 엄청나게 많이 사용하고 있기 때문인 거죠. 우리 또 미국 탓을 많이 하잖아요. 미국 사람들은 지구 기후 생각 안 해요. 오로지 그냥 팡팡 쓰는 나라야 하고 그러잖아요. 미국은 우리보다 에너지를 훨씬 많이 쓰는 나라입니다. 근데 어떻게 저렇게 비율이 적을 수 있을까요? 사용하는 에너지가 다르기 때문입니다. 심지어 미국도요 풍력과 태양광을 훨씬 많이 쓰는 거예요.

미국이 이미 2023년에 풍력과 태양광 발전량이 석탄발전소 발전량보다 넘어섰어요. 크로스가 일어난 겁니다. 미국이 뭐 지구를 생각해서 그랬을까요? 저게 경제적으로 이익이기 때문입니다. 미국에서 석유가 가장 많이 나오는 것은 텍사스이잖아요. 그러니까 텍사스가 2024년 하반기부터 1년 반 동안 무려 35기가와트나 예상됩니다. 35기가와트 기억하십니까? 우리나라의 원자력 발전 1기가 1기가와트란 말이에요. 석유가 가장 많은 주에서도 저렇게 해요. 왜 그럴까요? 가장 싼 전기가 됐기 때문입니다. 저는 원자력을 반대하는 사람이 아닙니다. 원자력 써도 된다고 생각해요. 근데 원자력은 수십 년 동안 기술 개발이 없다 보니까 지금은 비싼 에너지가 됐어요. 가장 싼 에너지는 태양광과 풍력입니다. 옛날에 2009년만 해도 태양광 얼마나 비쌌습니까?

그동안 끊임없이 기술을 개발하고 시장이 커지면서 지금은 태양광과 풍력의 가장 싼 에너지가 된 거죠. 앞으로 수출하려면 뭐가 필요합니까? 신재생에너지가 있어야 되는 거예요. 신재생에너지 없으면 어디로든 수출 못 합니다. 수출 못 하면 잘못되면 망할 수도 있어요. 그래서 우리가 설마 망할 생각이 있는 건 아니잖아요. 금방 쫓아가겠죠. 쫓아갈 거라면 엄청나게 빨리 쫓아가야지 되는 거죠. 지금 우리는 바로 그 변곡점에 있습니다. 변곡점에서 치고 올라갈 것인가? 아니면 그대로 갈 것인가?를 결정해야될 시기입니다. 저는요 인간이 없는 지구를 꿈꾸지 않습니다. 인류가 지속하는 지구를 꿈꿉니다. 그렇다면 우리가 어떤 부분을 고민해야될까? 저는 고민해야되는 주제가 두 가지라고 생각합니다. 하나가 기후고 하나가 멸종이죠.

네, 오늘 여기까지 하겠습니다. 감사합니다.

내가 늘 의문이 드는 것이 세계 부자 1위인 일론 머스크는 자신의 우주개발산업을 통해 머지않아 화성에 인류를 이주시키려는 야심으로 천문학적 돈을 투여하고 있다. 그러한 돈과 과학기술을 최대한 이용하여 차라리 지구를 되살려내어 인류가 광활한 우주의 작은 섬 이곳에서 기후 위기와 환경 오염을 극복하고 보다 나은 생태계에서 살아가도록 하는 일엔 왜 힘을 기울이지 않는가이다.

사후세계는 정말 있을까?

둘째 누님이 구순의 나이로 이 세상을 뒤로하고 저세상으로 옮겨 가신 시점이 24년 8월 23일 오후 1시 44분이었다. 올해 봄까지만 해도 나름 건강하셨는데 초여름 누님을 모시고 있는 여 조카가 연락이 오길 어머니가 입원하였는데 말기 암으로 고령에 쇠약한 상태라 수술 같은 불가능하여 다른 조처를 받고 있다고 했다. 병문안 가려 했더니 면회 사절이라고 하여 다시금 연락이 오길 기다리고 있었다. 몇 주 후 조카의 연락이 요양병원으로 옮겨 모셨다고 하여 금주는 폭염으로 움직이기가 썩 그러니 다음 주 중 올라가 면회하겠다고 했다. 1주일 후 요양병원을 방문, 1시 30분 예약으로 단 10분간 면회를 조카, 그녀의 외손녀 되는 큰딸 그리고 내가 침대에 누워 있는 누님 곁으로 가니 의식이 있는 듯 나를 알아는 보는 것 같았다. 그 3~4분 뒤 누님의 신체와 연결된 소형 의료 계측 장치의 전자 표시 기능이 거의 멈추다시피하여 조카가 간호사를 불렀다. 병실로 들어서자 면회자들은 모두 나가 달라고 하여 복도에서 대기했다. 몇 분 뒤 간호사 둘이 우리에게 운명하셨다고 전달해 주었다. 내가 40년 전 처음으로 세상 뜨시는 어머니 임종을 보았는데 이번에 누님으로 인해 내게 두 번째 임종을 보게 되었다.

몇 년 전부터 누님은 저세상에 가서 31세에 아내와 돌잡이 딸을 두고 사망한 큰아들을 제일 먼저 만나 보고 싶고, 또 40대에 병으로 숨진 셋째 아들 그리고 어머니 아버지와 먼저 떠난 형제 셋을 만나고 싶다고 했다. 3년 전 장수하시고 돌아가신 매형은 만나고 싶지 않으냐고 슬쩍 물었더니 답을 하지 않았다. 아마도 자식 다섯 낳고 살아오면서 누님 애를 많이 먹였기 때문일 거라고 생각했다. 매형은 생전에 술이 되면 간혹 말하길 죽으면 끝이다. 그것으로 아무것도 없다.라고 단언을 하였다.

내가 죽음에 대해 생각해 보게 된 거 나이 50에 들어서면서이며, 사후세계에 관심을 가지게 된 건 60 고개를 넘어설 무렵이다. 관련 책은 몇 권 또 영상들도 여러 편 보아오고 있다. 어떤 사람들은 인간이 단순히 물리적인 존재에 불과하다고 주장한다. 육체가 멈추면 그 모든 것이 끝난다고 말한다. 인간의 모든 감정과 생각 기억이 단지 뇌에 신경 작용일 뿐이라고 주장한다. 따라서 육체가 죽으면 인간이라는 존재도 함께 사라진다는 것이다. 한편 몇몇 철학자들은 인간이 육체와 영혼으로 이루어진 이원론적 존재라고 주장한다. 소크라테스와 플라톤은 영혼이 육체와는 독립적인 존재로 죽음 이후에도 계속 살아남는다고 보았다. 또 플라톤은 죽음은 영혼이 육체라는 감옥에서 해방되는 것이다.라고 했다. 그의 가르침에 따르면 인간의 육체는 단지 영혼이 임시로 거처하는 껍질에 불과하며 죽음은 영혼이 본래 자리로 돌아가는 과정일 뿐이다. 이러한 사상은 단순한 철학적 주장에 그치지 않고 이후 수많은 종교와 신념 체계에 영향을 미쳤다. 특히 죽음 이후의 삶에 대한 희망과 구원의 메시지를 심어주었다.

나는 소크라테스가 사형이 선고된 후 독배를 마시기 전에 피할 수 있었던 기회가 분명히 있었는데도 이를 마다하고 죽음을 택했던 게 죽음 이후에 영혼으로서의 또 다른 삶이 있다고 믿었기 때문이었던 게 아닌가 한다.

나는 젊은 시절 한글본 논어를 완독하였으나 죽음에 관한 건 그다지 쓰여 있지 않았다. 동양철학에서는 죽음에 대해서나 그 이후 세계에 대해선 별로 다루지 않는 것으로 안다. 논어에서는 공자가 제자와 나눈 대화 중 다음과 같은 이야기가 있다. 제자가 사람의 죽음 이후에 대해서 묻자, 공자는 다음과 같이 대답한다.
"삶도 아직 모르는데, 어찌 죽음을 알겠는가?"
이 말은 공자가 인간의 삶에 대해 충분히 이해하지 못했는데 죽음 이후를 논하는 것은 적절하지 않다는 점을 강조한 것이라 본다.

삶의 매 순간은 죽음과의 대화를 통해 빛난다. 그래서 더 근본적인 질문으로 돌아가야 한다. 내 삶의 목적은 무엇인가, 죽음과 삶은 어떤 관계에 있는가, 죽음을 단순히 끝이라고만 본다면 삶은 그저 유한한 시간 속에서의 이 저런 사건에 불과할 것이다. 하지만 죽음이 끝이 아니라면 과연 영혼의 세계인 사후세계는 존재할까? 이는 인류 역사에서 가장 오래된 질문 중 하나이다. 죽음 이후에도 무언가가 남아 있을지에 대한 물음은 단순한 호기심의 차원을 넘어 삶의 본질을 탐구하는 중요한 열쇠다. 그러나 그 해답은 수천 년 동안 철학자와 과학자 그리고 종교인들에게도 명확히 주어지지 않았다. 그럼에도 불구하고 우리는 사후세계에 대한 증거와 이야기를 통해 그것에 다가가고자 한다.

먼저 고대 철학자 플라톤은 그의 저서 '파이돈'에서 영혼의 불멸을 주장하며 죽음 이후 영혼은 육체를 떠나 더 높은 차원의 세계로 이동한다고 말했다. 그는 이를 단순히 믿음이 아닌 논리적 사고를 통해 증명하려 했다. 플라톤에 따르면 우리의 경험은 단순히 물리적 세계에만 한정되지 않는다고 했다. 우리가 갖는 추상적이고 보편적인 사고는 물질 너머의 세계 즉 이상적인 세계의 증거라는 것이다. 그리고 그 세계로 돌아가는 것이 영혼의 본질적인 운명이라고 했다.

이 세상에 죽어서 장례까지 치른 후 1년 2년 아니 100년이 지나서 우리들이 일상생활 중인데 갑자기 앞에 생생한 모습으로 나타나 죽은 후 어디로 가서 살고, 또 누구를 만나고 있다고 증언한 사실은 그 어느 누가 경험해 보았는가? 없을 것이다. 하지만 잠시, 며칠간 죽은 상태에서 사후세계를 경험을 했다는 증언은 수도 없이 많은 게 현실이다. 그러한 죽음 상태의 경험을 임사 체험 또는 근사 체험(Near-Death Experience, NDE)이라고 하며 임박한 죽음 또는 실제로 임사 상태에 있을 때 경험하는 일련의 체험을 말한다. 이러한 체험은 문화, 종교, 개인의 신념에 따라 다소 차이가 있을 수 있지만, 일반적으로 다음과 같은 공통된 특징을 가진다.

1. 터널 경험: 많은 임사 체험자들이 밝은 빛으로 이어지는 긴 터널을 지나가는 경험을 보고한다.
2. 빛의 존재: 터널 끝에서 강렬한 빛을 경험하는 경우가 많다. 이 빛은 따뜻하고 사랑스러운 느낌을 주며, 어떤 사람들은 이를 신성한 존재로 해석하기도 한다.
3. 환영받는 감각: 빛의 존재나 이미 사망한 친척, 친구들로부터 따뜻하게 환영받는 느낌을 받는다.
4. 삶의 회고: 자신의 생애를 빠르게 되돌아보는 경험을 한다. 이를 통해 자신의 삶을 재평가하게 된다.
5. 시간과 공간의 초월: 시간과 공간의 개념이 사라지고, 무한한 평화와 행복을 느낀다.
6. 돌아가라는 명령: 여러 가지 이유로 다시 이 세상으로 돌아와야 한다는 메시지를 받고, 결국 깨어나게 된다.

이화여대 교수를 역임하고 국내 죽음학 연구의 선구자이자 종교학자인 최준식 교수는 '한국 사자의 서'라는 저서를 통해 영혼의 존재와 사후세계가 존재한다는 유력한 증거를 제시하고 있다. 이 책을 읽어 본 후 나름대로 메모 해 두었던 걸 써 보기로 한다. 더하여 철학, 심리학 박사인 미 레이먼드 무디 저 '죽음, 이토록 눈부시고 황홀한' -부제로는 '삶이 끝나는 순간 우리는 어디로 가는가?'도 참조하였다. 이 책은 발간 후 지금껏 전 세계에서 1,300만 부가 팔린 밀리언셀러이다.

그런데 사후세계를 갔다 온 사람들이 실제로 있었다. 인류 역사상 존재했던 많은 신비가들이 그들이다. 신비가들의 증언에 따르면 영계는 순수하게 에너지로 구성되어 있어 물질계에 그 흔적을 남기는 일이 쉽지 않다는 것이다. 우리가 살고 있는 물질계는 영계보다 차원이 낮기 때문에 우리는 영계에서 일어나는 일을 알지 못한다.

신비가라고 하면 뛰어난 영능력을 가진 사람들이다. 예를 들어 미래의 일을 정확하게 예지한다든가 아무리 멀리 있는 사물이라도 바로 앞에서 이미지로 볼 수 있는 능력 등이 그것이다. 그들의 능력 가운데에는 체외 이탈을 해서 연계를 자유롭게 드나들 수 있는 능력도 포함된다. 이런 능력이 없는 우리들은 그들의 능력을 믿기 힘들지만 그들은 영계를 왕래하면서 많은 사람들의 의문을 풀어주었고 사후세계의 실상을 알려주었다 인류 역사상 많은 영능력자가 있었지만 그 중에서도 대표적으로 3명을 꼽을 수 있다.

첫째, 영계에 대해 최고의 정보를 제공해 준 스웨덴의 신비가 스베덴보리

임마누엘 스베덴보리(1688-1772)는 스웨덴의 저명한 과학자, 신학자, 철학자로, 그의 연구와 저술은 학문과 신앙, 철학의 영역에서 깊은 영향을 끼쳤다. 그는 스톡홀름에서 루터교 주교였던 아버지 아래에서 종교적 분위기 속에 성장했다. 어린 시절부터 지적 능력을 발휘한 그는 1709년 웁살라 대학에서 철학, 수학, 천문학을 공부하며 학문의 기반을 다졌다.

대학 졸업 후 그는 유럽 각지를 여행하며 과학과 공학 분야에서 두각을 나타냈다. 특히 광물학, 지질학, 물리학에서 많은 연구를 수행해 스웨덴의 광산 개발에 크게 기여했다. 그의 연구는 실용적 성과로 이어져, 스웨덴의 운하와 다리 건설 프로젝트에 참여하며 당시 최고의 공학 기술을 선보였다. 스베덴보리는 1716년 스웨덴 왕립 과학 아카데미의 회원으로 선출되었고, 왕실의 과학 고문으로도 활동하며 스웨덴 과학계의 중심 인물로 자리 잡았다.

스베덴보리의 초기 저서 '프린시피아'는 뉴턴의 영향을 받은 작품으로, 우주와 지구의 기원에 관한 독창적인 이론을 제시했다. 그는 과학자로서 뛰어난 업적을 남겼으나, 그의 삶은 1745년, 57세에 일어난 영적 체험을 통해 근본적인 변화를 맞이했다.

천사를 만난 후, 영적 탐험의 시작

1745년 스베덴보리는 천사를 만난 후 사후세계로 들어가는 특별한 체험을 했다. 그는 이 경험을 계기로 자신의 육체에서 영혼을 분리할 수 있는 능력을 갖추게 되었으며, 죽음의 과정을 직접 체험하고 영적 세계를 자유롭게 탐험했다. 그는 이후 27년간 이 세계와 사후세계를 오가며 신비로운 체험을 기록했다.

그는 자신의 경험을 바탕으로 한 신학적 저술에 몰두했다. 대표작 천국과 지옥에서는 천국과 지옥의 구조와 인간 영혼, 신의 사랑과 지혜를 깊이 있게 설명했다. 그의 저술은 단순한 철학적 고찰이 아니라, 자신의 실제 체험에서 비롯된 생생한 기록으로, 사후세계에 대한 새로운 통찰을 제공했다.

영적 능력의 현실적 적용

그의 영적 능력은 구체적인 사례로도 입증되었다. 한 미망인이 남편이 숨겨둔 중요한 문서를 찾지 못해 재정적 위기에 처했을 때, 그는 영혼 세계에서 미망인의 남편과 접촉했다. 남편은 문서가 숨겨진 위치를 스베덴보리에게 정확히 알려주었고, 이를 전달받은 미망인은 문서를 찾아 경제적 어려움에서 벗어날 수 있었다. 이 사건은 스베덴보리의 초월적 체험이 현실적 문제를 해결하는 데까지 영향을 미쳤음을 보여주는 사례로, 많은 이들에게 깊은 인상을 남겼다.

자신의 죽음을 예언하다

1772년 3월 초, 스베덴보리는 자신의 죽음을 예언했다. 그는 "이번 주일(3월 29일)에 영적 세계로 부름받을 것"이라며 이를 주변에 알렸고, 실제로 예언한 날 평화롭게 세상을 떠났다. 그의 임종은 고요하고 침착했으며, 사후세계로의 이동을 이미 알고 있는 듯한 태도를 보였다고 전해진다. 이 사건은 그의 영적 탐험이 단순한 환상이 아니라, 사후세계와 현실 세계가 긴밀히 연결되어 있다는 강력한 증거로 여겨졌다.

스베덴보리의 유산

스베덴보리는 그의 신비로운 체험을 통해 영계와 인간 세상 간의 연결을 탐구하며, 이전까지 알려지지 않았던 사후세계에 대한 귀중한 정보를 남겼다. 그의 저술은 현대 사후세계 연구의 중요한 자료로 활용되고 있으며, 과학적 검증을 통해 더욱 주목받고 있다.

그의 삶과 업적은 단순히 개인의 초월적 체험을 넘어, 인간의 본질과 사후세계에 대한 새로운 시각을 제시하며, 여전히 많은 이들에게 영감을 주고 있다.

둘째, 덴마크의 성자인 마르티누스

마르티누스(1890-1981)는 덴마크의 신비가이자 철학자로, 자신의 영적 체험을 바탕으로 한 독특한 우주론과 영성을 설파한 인물이다. 그는 "마르티누스 코스모로지(우주론)"라 불리는 사상을 통해 우주의 구조와 인간의 영적 진화를 설명했다.

특히 그의 영계 방문 경험은 그의 가르침의 핵심을 이룬다. 마르티누스는 1921년 자신의 삶을 바꾼 강렬한 영적 체험을 했다고 말했다. 그는 강한 빛 속에서 신성한 존재와 연결되었으며, 우주적 의식에 눈뜨게 되었다고 주장했다. 이 체험 후, 그는 자신이 받은 통찰을 글과 그림으로 표현하기 시작했으며, 이를 통해 "우주적 세계관"이라는 철학적 체계를 발전시켰다. 이 체계는 삶, 죽음, 영혼의 여정, 그리고 우주적인 사랑의 원칙을 다루고 있다 이 체험을 통해 그는 물질세계와 영적 세계가 본질적으로 연결되어 있음을 깨달았으며, 모든 생명체가 진화를 통해 완전한 사랑과 조화를 향해 나아간다는 비전을 받았다.

그의 사상은 덴마크뿐만 아니라 국제적으로도 영향을 끼치며 현대 신비주의와 영성 연구에서 중요한 위치를 차지하고 있다.

그리고 그리스의 다스칼로스이다.

다스칼로스(1912-1995)는 그리스 키프로스 출신의 영적 스승이자 신비가로, 그의 삶은 영적 탐구와 가르침으로 가득 차 있었다. 그는 신비주의, 기독교 전통, 그리고 고대 영적 지혜를 조화롭게 융합한 사상을 바탕으로 제자들에게 영적 성장과 내면적 변화를 이끌었다.

그는 여러 차례 영적 체험을 기록하며, 이를 통해 인간 존재의 다차원적 본질과 물질계와 영계의 상호작용을 이해했다고 주장했다. 그의 사상은 인간이 단순한 육체적 존재가 아니라 영적 세계와 물질적 세계를 잇는 다차원적 존재라는 믿음에 기초한다.

아스트랄 여행과 치유의 기적

다스칼로스의 가장 유명한 체험 중 하나는 "아스트랄 여행과 치유"와 관련된 이야기이다. 그는 깊은 명상 상태에서 자신의 영혼이 육체를 떠나 영적 차원을 탐방했다고 설명했으며, 이를 통해 얻은 통찰을 가르침에 반영했다.

한 일화에서, 심각한 병으로 생명이 위독한 아이의 가족이 그의 도움을 요청한 적이 있었다. 다스칼로스는 아이를 직접 만나지 않고도 영적 능력을 통해 치유가 가능하다고 밝혔다. 깊은 명상에 들어간 그는 아스트랄 여행을 통해 아이의 에테르체와 연결하여 에너지를 정화하고, 치유를 방해하는 원인을 제거했다고 전해진다. 이후 아이는 기적적으로 건강을 회복했으며, 이 일화는 그의 치유 능력을 입증하는 대표적인 사례로 남았다.

사랑과 조화: 우주의 본질

다스칼로스는 모든 존재가 하나로 연결되어 있으며, 사랑과 조화가 우주의 본질임을 강조했다. 그는 인간의 영혼이 진화를 거듭하며 '신성과의 합일'을 목표로 나아간다고 보았다. 그의 가르침은 내면의 치유와 자아 초월을 통해 삶의 본질을 깨닫고, 사랑의 에너지와 영적 조화를 실천하는 데 중점을 두었다.

그의 체험은 사후 세계와 인류의 영적 운명에 대한 깊은 통찰을 담고 있다. 다스칼로스는 우주적 사랑과 섬김의 원칙을 삶에 실천하며, 많은 제자들에게 영적 본보기가 되었다.

다스칼로스의 유산

다스칼로스의 가르침은 오늘날에도 제자들에 의해 전해지며, 많은 영적 탐구자들에게 영감을 주고 있다. 그의 삶과 체험은 키프로스뿐 아니라 전 세계적으로 영성에 관심 있는 이들에게 큰 영향을 미쳤다.

그는 인간이 단순히 물질적 존재에 국한되지 않고, 영적 세계와 연결된 존재임을 강조했다. 특히 모든 치유는 사랑과 조화의 에너지에서 비롯된다는 그의 가르침은 현대 영성학의 중요한 원칙으로 자리 잡았다. 다스칼로스의 사상은 허무맹랑한 주장이 아니라, 온전한 이성과 자비심, 높은 도덕적 기준을 가진 이들의 증언과도 일치한다.

우리가 남극을 가 보지 않았어도 그곳을 갔다 온 사람들의 증언을 신뢰하듯, 영계를 자유롭게 왕래한 이들의 이야기도 진지하게 받아들일 수 있을 것이다.

다스칼로스의 가르침은 여전히 많은 이들에게 내면의 길을 밝히는 등불로 남아 있다.

서양 의학으로 훈련된 의사들은 기본적으로 유물론에 입각해 교육을 받는다. 그래서 종교를 갖지 않는다면 그들은 영이나 사후세계의 존재를 믿지 않는다. 그런데 최근 들어와서 그들 가운데 사후세계가 있다고 주장하는 사람들이 나오기 시작했다.

첫째, 죽음학의 세계적인 권위자였던 엘리자베스 퀴블러 로스 박사이다.

그녀는 시카고대학, 버지니아 대학 등에서 정신과 의사로 활동을 했는데 최초로 인간의 죽음을 학문적 방식으로 정리한 것으로 유명하다. 루스 박사는 임종 환자들을 돌보는 가운데 죽었다. 살아 나온 사람들을 자꾸 만나게 되어 이 근사 체험에 관심을 갖게 된다. 또한 근사 체험자들의 말을 들어보니 그 체험의 내용이 대부분 일치했고, 그들의 인품이 진지할 뿐만 아니라 종교적으로도 훌륭한 사람인 것을 보고 이 사람들의 주장을 믿지 않을 수 없었던 것이다. 이 근사 체험의 가장 기본적인 단계는 체외 이탈을 하는 것이다.

영혼이 몸에서 빠져나가는 현상이다. 그런데 로스 박사는 자신이 이 체험을 직접 하게 된다. 일본의 저명한 저널리스트인 다츠바니씨와의 면담에서 자신은 영원히 빠져나와 다른 별에까지 갔다 왔다고 했다. 그리고 그는 사후 생이란 믿음의 대상이 아니라 앎의 대상이라고 주장한다. 그냥 아는 것이지. 굳이 믿으려고 할 필요가 없다는 것이다. 그녀의 주장을 반대하는 동료 의사들이 많았다. 하지만 그녀는 어쨌든 당신들도 죽을 때 알게 될 것이다라고 아주 단순하게 대꾸했다.

두 번째 의사는 버지니아 의과대학의 정신과에서 40년 이상을 의사로 재직했던 이안 스티븐슨 박사이다.
그는 사후세계에 대해 연구했다기보다 전생을 연구한 학자이다. 그는 사람들이 왜 각기 다른 질병이나 성격 태도 등을 갖고 태어나는가에 대해 관심을 가지고 전생을 연구했다.

종래 학계에서는 이것을 환경과 유전인자로 설명했는데 대부분의 경우는 이 두 요소로 사람의 차이를 설명할 수 있었다. 그러나 이것으로 설명이 안 되는 것이 있는데, 박사는 이럴 경우를 전생의 영향으로 보아야 한다고 주장했다. 예를 들어 3살에서 4살밖에 안 된 어린아이가 어른처럼 담배를 피우고 술을 먹으려 하는 태도를 보이면 이것은 환경이나 유전인자로 설명하기가 곤란하다 그런가 하면 어떤 사람은 자신이 전혀 배우지 않은 외국어를 말하기도 하고 또 몸에 아무 이유 없이 반점이 있는 채로 태어나거나 심각한 장애를 갖고 태어나는 경우도 있다. 스티븐스는 이런 경우는 모두 전생의 영향으로 설명하는 것이 합당할 것이라고 주장한다. 그가 행한 전생 연구의 특징은 철저한 검증에 있었다. 종교에서 말하는 전생이든 신비가들이 말하는 전생이든 그것들은 검증할 수 없기 때문이다.

자신이 관찰한 현상을 검증하기 위해 대부분의 대상을 전생을 기억한다고 여겨지는 아이로 한정시켰다 이 아이들은 4살 미만일 때 자신이 전생에서 어디서 살았고 가족으로는 누가 있었으며 죽을 때 어떻게 죽었는지에 대해 발설을 한다. 그런데 이 아이들은 많은 경우 전생에서 죽은 지 얼마 되지 않았고 전생에 살았다고 하는 집도 그리 멀지 않은 곳에 있었다. 그러니 당연히 전생의 가족들이 살아있는 경우가 많았다. 그러면 스티븐스는 그 아이가 주장한 것이 사실인지를 검증하기 위해 그 아이의 전생 가족이나 지인들을 찾아가 면담한다. 그의 연구가 더 흥미진진한 것은 전생에 입었던 상처가 후생의 몸에 흔적을 남긴다는 주장을 한 점이다. 예를 들어 어떤 사람이 머리에 총을 맞고 죽었다면 이때 생긴 상흔이 이번 생의 몸에 반점 같은 것으로 남는다는 것이다. 총알이 들어간 자리와 나온 자리에 반점이 생긴다는 것이다.

또 어떤 사람이 팔이 잘려 죽었다면 그 사람이 다음 생에 태어날 때 몸에 팔이 없는 채로 태어나는 경우도 있었다. 이안 스티븐슨 박사는 이와 관련해서 220여개 정도 되는 사례를 묶어 '환생과 생물학'이라는 제목으로 책을 출간했다.

세 번째 의사는 하버드대 의과대학에서 의사와 교수로 재직했던 이븐 알렉산더 박사이다.

그는 뇌 의학의 권위자로서 의사답게 인간의 의식은 뇌의 작용에서 비롯된 것에 불과하다고 믿고 있었다. 그러니 당연히 사후세계 같은 것은 존재하지 않는다고 굳게 믿고 있었다. 때는 2008년 그는 급성 세균성 수막염을 앓아 7일간이나 뇌사 상태에 있게 된다. 그는 7일 동안 자신이 영혼의 형태로 천국에 갔다 왔으며 그곳에서 영적으로 높은 존재를 만나 살아있을 때는 한 번도 들어보지 못한 지혜에 대해 배웠다고 실토한다.

이 체험으로 그는 인간의 의식은 뇌의 기능이 정지된 후에도 여전히 살아 있다는 주장을 하게 된다. 영적 체험 같은 것도 환상이 아니라 실제로 존재한다고 믿게 된다. 그의 주장은 단호하다. 신은 존재하고 사후세계는 있다는 것이다.

이븐 알렉산더 박사는 사후세계를 체험하고선 '나는 천국을 보았다(Proof of Heaven)'라는 책을 썼다. 2012년부터 뉴욕 타임즈 베스트셀러 41주간 올랐었고, 37개 언어로 번역되어 200만 부 넘게 팔렸다, 나는 한글 번역본을 십수 년 전 구입해 읽었고 그 몇 년 뒤 후속작인 '나는 천국을 보았다. 두 번째 이야기' 역시 읽었다.

두 권의 책을 종교가 없는 친한 지인에게 읽어 보라고 주었다.

책에서 박사의 가장 강렬한 체험으로 종종 언급되는 장면은 혼수상태 중 자신이 "나비 날개를 가진 존재"와 함께 광대한 초월적 세계를 여행했다고 묘사한다. 이 존재는 그에게 깊은 사랑과 평화를 전달하며, 그가 물리적 세계의 한계를 넘어 새로운 차원으로 들어갈 수 있도록 안내한다. 이 경험은 그에게 단순한 환상이 아닌 실제적인 영적 존재와의 교감처럼 생생하게 느껴졌다고 설명한다.

박사는 그의 책에서 강렬한 체험 중 자신도 알지 못했던 가족을 만난 이야기를 소개한다. 이 장면은 그가 경험의 진실성을 깨닫는 데 결정적인 역할을 한다.

박사는 임사 체험 중 한 여성을 만난다. 그녀는 따뜻한 미소를 짓고 있으며, 무한한 사랑과 평화의 에너지를 발산한다. 그녀는 박사와 함께 아름다운 풍경 속을 여행하며 그에게 이런 메시지를 전한다. "네가 사랑받고 있다는 것을 기억하라. 너는 소중하다. 너는 안전하다. 아무것도 두려워하지 마라." 이 여성은 그에게 신비로운 안정감을 주었고, 박사는 그 순간 그녀가 누군지 알 수 없었지만, 깊은 연결을 느꼈다.

혼수상태에서 깨어난 후, 알렉산더는 양부모 밑에서 자랐기에 자신의 친생 가족에 대해 아는 것이 거의 없었지만, 나중에 친부모에게 연락하여 처음으로 보게 된 가족사진을 통해 그 여성의 정체를 알게 된다. 그녀는 그가 태어나기 전 사망한 친누나였던 것이다. 박사는 사진 속 그녀를 보자마자, 자신이 천국에서 만난 가이드가 바로 그녀였음을 확신한다.

이 두 가지 일화는 알렉산더 박사의 체험이 단순한 꿈이나 환상이 아니라, 물질적 세계를 넘어선 영적인 차원과의 실제 접촉이었다는 그의 주장을 뒷받침하며, 많은 독자들에게 감동과 신뢰를 심어주는 주요 장면으로 작용한다.

알렉산더 박사는 한 인터뷰에서 천국 경험 이후 과거의 자신과는 완전히 다른 사람이 되었다고 한다. 그는 "우리가 경험하는 현재의 삶은 꿈과 같고, 천국은 실체 그 자체였다."고 말했다. 이러한 깨달음은 그로 하여금 세상의 가치보다 더 중요한 것에 집중하게 만들었고, 과학자로서의 명성보다 더 큰 진리를 전하는 데 헌신하게 했다.

또 그는 '이기적 유전자'의 저자 리처드 도킨스 같은 무신론자들에게 하고 싶은 말로 다음과 같은 질문을 남겼다. "만약 당신이 죽은 후 천국과 신이 실재한다면 어떻게 하겠습니까? 저는 분명히 천국을 보았고, 그것은 실제로 존재합니다"라고.

알렉산더 박사의 경험과 메시지는 단순히 신앙의 문제를 넘어 삶의 본질에 대해 고민하게 만든다. 그의 이야기는 우리가 가진 두려움과 의문을 넘어서, 사랑과 희망의 의미를 다시금 새기게 해준다.

사후세계가 있다는 9가지 증거를 제시한 과학자

미국의 방사선종양학 전문의이자 물리학자인 제프리 롱 박사는 수많은 임사체험을 연구하며 사후세계가 존재한다는 과학적 증거를 제시했다. 그의 연구는 다양한 체험자의 경험을 심층 분석하여, 의학적으로 설명하기 어려운 9가지 주요 특징을 도출했다.

1. 명료하고 선명한 의식

임사 체험자들은 의학적으로 사망 상태였음에도 불구하고, 평소보다 훨씬 명료한 의식을 경험했다고 보고를 했다. 조사에 따르면 76%의 체험자가 육신에 있을 때보다 더 명료한 상태였다고 답했으며, 꿈과 같은 경험이었느냐는 질문에 강하게 반박하며 "절대 꿈이 아니었다."고 강조했다. 이는 임사체험이 단순한 생리학적 현상이 아님을 시사한다.

2. 현실적인 유체이탈 경험

체험자 중 75.4%가 유체 이탈을 경험했다고 보고했으며, 체험 중 본 것을 현실에서 확인했을 때 정확한 경우가 많았다. 특히 360도 시야를 통해 일반적인 인간의 파이 모양 시각을 넘어 멀리 떨어진 사물을 보는 사례가 있었는데, 이는 뇌와 감각기관에 의한 현상이 아니라는 점을 시사한다.

3. 고양된 감각

임사체험 중 체험자들은 평소보다 감각이 예민하고 생생한 상태를 경험했다. 특히 선천적 시각장애인조차 생애 처음으로 사물을 볼 수 있었다는 점은 의학적으로 설명하기 어려운 사례로 기록되었다. 이는 단순한 환각이나 꿈이 아닌 실제 경험일 가능성을 높이는 증거이다.

4. 전신마취 중 의식 활동

전신마취 상태에서도 임사체험이 발생했으며, 이때 체험자들은 잊었던 과거의 기억이나 어린 시절의 사건을 생생하게 떠올렸다. 전신마취 하에서는 뇌가 의식 활동을 할 수 없으므로, 이러한 체험은 과학적으로 설명하기 어렵다.

5. 완벽한 삶의 회고와 미래에 대한 비전

임사 체험자들은 자신의 생애를 선명하게 되돌아보며 잊고 있던 사건이나 장소까지도 목격했다고 증언했다. 일부(4%)는 미래의 삶을 보았다고 설명하기도 했다. 이는 죽음의 순간, 뇌가 기능을 멈춘 상태에서 발생했다는 점에서 주목할 만하다.

6. 죽은 가족과의 만남

체험 중 체험자들은 죽은 가족이나 친척을 만나는 경우가 많았으며, 때로는 태어나기 전에 사망한 친척과의 만남도 보고되었다. 이는 체험이 단순히 기억 속에서 재구성된 것이 아님을 보여준다.

7. 어린아이들의 임사체험

임사체험에 대해 들어본 적이 없는 어린아이들도 비슷한 체험을 했다. 종교나 죽음에 대한 개념조차 없던 어린아이들의 증언은 임사체험이 단순히 사회적 영향을 받은 현상이 아니라는 점을 시사한다.

8. 전 세계적인 일관성

임사체험은 문화, 종교, 국적에 상관없이 놀랍도록 일관된 특징을 보였다. 힌두교도, 회교도, 기독교도 등 다양한 문화권의 체험자들이 비슷한 경험을 증언했으며, 이는 임사체험이 보편적 현상임을 나타낸다.

9. 깨어난 뒤 삶의 변화

임사체험 후 체험자들은 삶에 대한 태도가 크게 변했다고 보고했다. 물질적 욕망에서 벗어나 사랑과 인간관계를 중시하며, 신에 대한 믿음과 삶의 목적을 새롭게 깨닫게 되는 경우가 많았다. 특히 마약과 알코올 중독자들이 이러한 체험 후 중독에서 벗어나 새로운 삶을 살아가는 사례도 발견되었다.

제프리 롱 박사는 이러한 임사체험 사례들이 단순한 환각이나 뇌의 산물로 설명할 수 없으며, 사후세계의 실재를 강력하게 뒷받침한다고 결론지었다. 이 연구는 죽음과 삶의 경계를 이해하는 데 중요한 통찰을 제공한다.

이제 내게 죽음에 대한 두려움은 과거의 일. 앞으로 언젠가는 내게도 올 죽음이다. 그 순간이 모든것의 끝이 아니라 이곳에서 저곳으로 이사 간다고 생각하기로 했다.

교회에서 전도를 위한 부흥회를 열고서 간혹 천국 간증을 하는 강사를 모셔 온다. 그분들 대다수가 천국을 묘사하길 길은 금으로 포장되고, 성과 집들은 각종 보석으로 치장되어 있다고 한다, 또 목회자분들은 이 세상은 고난의 현장이니 믿음으로 영원한 안식처인 천국을 바라보고 덧없고 잠시인 이 세상살이를 이겨내자고 한다. 그렇다고 그 어느 누구도 천국이 좋다고 미리 앞당겨 일찍 가는 사람들은 없는 것으로 안다.

나는 오래전부터 물리적으로 화려한 천국보다는 그곳은 이루 말할 수 없이 사랑이 충만한 곳이라고 여겨온다. 임사 체험 경험자들 역시 그곳은 온통 사랑으로 가득 찬 곳이라고 증언한다.

나는 대한민국 남자 평균 사망 연령(80대 중반) 정도만 산다면 아무 미련이 없을 것 같다, 요양원에 장기간 누워서 간병인 도움 받는 것 없이 건강한 생활을 유지하다가 세상 떠나면 내겐 더없이 좋은 선물이 될 것이다.

지난달 지역 건강보험공단에 '연명치료 거부 의향서'를 작성해 제출했다. 우리나라는 안락사까지는 법적으로 허용치 않고 있으니 이 방법 외는 더 찾을 수가 없다. 수명 연장을 위해 산소 호흡기 달고 죽음을 기다리며 오랫동안 침상에 누워서 주위를 힘들게 하고 어려움을 끼치다 죽음을 맞이하기는 싫어서이다.

셰익스피어의 '햄릿'에서 "사느냐, 죽느냐 그것이 문제로다."라고 했지만.

나로선 "어떻게 살다가, 가느냐 그것이 문제로다."로 허투루 살지는 않으려 한다.

1925년에 노벨 문학상을 수상하였고 영국에서 가장 대중적인 음악 평론가였으며, 당시 가장 탁월한 정치와 사회 평론가였던 버나드 쇼는 6.25 한국전쟁이 한창이던 1950년 가을 95세의 나이로 세상을 떠났다. 버나드 쇼는 자신의 묘비에 새겨 두기를

'우물쭈물하다가 내 이럴 줄 알았다.'라고.

오늘도 두 다리를 움직여 걸을 수 있고, 두 팔을 움직여 노인 일자리에 가서 오전 시간 동안 일을 할 수 있으니 내 삶에서 하루하루가 또 다가오는 것들이 좋은 선물이라고 여기고 있다. 또한 매사에 감사하는 마음으로 주위에 작은 것이라도 나누며, 봉사하는 여생을 살도록 하는 게 좋은 삶이요, 또 다가올 죽음을 인생 마지막 선물로 여기고 담담하게 맞이하는 자세로 그날까지 살아가려고 한다.

한동수 저 '검찰의 심장부에서'를 읽고

　내가 이 책을 (2024년 1월 출간) 손에 들고 이틀간 정독을 하게 된 것은 9월 초 한동수 변호사(전 대검 감찰부장)가 국회 법사위에서 신임 검찰총장 후보자 인사청문회에 출석하여 증언을 시청했다. 진술 도중 시간 제약상 지금의 검찰과 윤석열 당시 총장에 대해 상세히 말씀 못 드리니 자신이 쓴 '검찰의 심장부에서'를 통해 검찰 조직에 대해 파악해 보는 기회를 가지라고 하여 읽게 되었다.

　완독 후 나 같은 소시민이 서평 내지 소감을 또 정치적 민감한 부분까지 언급한다는 게 그렇기도 하여, 알릴레오 북스의 유시민 작가와 조수진 변호사 측에서 한동수 저자를 초빙하여 본 책에 관련해 1시간 정도 대담한 영상을 토대로 주요 내용을 발췌해 글로 옮긴 것으로 대신하기로 했다.

　한동수 변호사는 책 초입에 쓰기를, 2019년 8월 2일 오전 10시 정부과천청사 법무부 검찰국 검찰과에 대검 감찰부장 응시원서를 접수하니 접수 번호 3번. 나중에 면접을 가보니 내 뒤에도 접수한 분들이 있었다.

대검 감찰부장직에 응시원서를 접수할 때까지 가족 외에 이 사실을 논의한 사람은 없었다. 그런데도 자신들의 잣대로, 아니면 일부러 프레임을 짜는 것인지는 모르겠으나 내가 문재인 정부로부터 사전에 내정되었거나 언질을 받고 지원했다고 보는 사람들이 적지 않았다. 하느님께 맹세할 수 있다. 법률신문 공고를 보고 혼자만의 독자적 결정으로 지원했다는 사실을 분명히 밝혀둔다.

대담 출연 : 저자 한동수 변호사(**한**). 유시민 작가(**유**), 조수진 변호사(**조**),

유시민 작가 : 이 책을 보면서 어떤 면에서요, 너무 세세하게 다 실명으로 육하원칙에 입각해 서 윤석열과 그 일당들의 검사 생활이 어떤 식으로 진행되었는지에 대한 꼼꼼한 기록이에요.

한동수 변호사 : 제가 대검감찰부장으로 재직할 동안 역사적으로 중요하다고 생각하는 채널A 고발 사주 사건, 한명숙 전 총리에 대한 모해위증 교사 사건 등에 대해서 직접 옆에서 경험하고 증언한 기록들입니다. BTS 방탄소년단의 노래 '피땀 눈물'이라는 노래가 있더라고요. 저는 피와 땀과 눈물로 쓴 책이라고 생각합니다. 몸으로 겪은 일들이니까요.
　제가 직접 경험하였거나 아니면 신뢰할 만한 사람이 자기가 직접 경험한 것을 저한테 전달하였고 또 대검 감찰부장이라는 업무

내용이 전국 검사들 또 직원들 검찰 공무원의 비위 정보들을 모으는 곳이어서 이렇게 판사가 역사서에서 사실을 기술한다는 생각으로 썼습니다. 그래서 실명으로 썼구요. 그런데 정작 이 책의 내용에 대해서 사실과 다르다거나 저를 공격하는 것은 없었구요. 최근 들어 언론에 보도됐는데 정작 고발 사주 관련해서 제가 법정에서 증언한 내용을 그러니까 입을 틀어막기 위한 다른 별건으로 저를 공격하는 이런 일들을 경험했습니다.

유 : 그거 뭐 탓할 게 아닌 게 우리 한 변호사님도 책 앞부분에 보면 처음에 감찰부장 명받아서 청와대에서 가셨을 때 나름 되게 좋게 생각하고 그렇습니다.

조수진 변호사 : 대검 감찰부장 지원 동기에는 검찰총장 윤석열에 대한 긍정적인 평가도 나의 결심에 영향을 미쳤다. 당시에는 검찰총장에 대한 국민적 지지가 높았고 나도 그랬다. 문재인 대통령이 그랬던 것처럼 이렇게 얘기하시거든요.

한 : 그런 취지입니다. 역시 그 당시에 국정농단, 사법농단 관련해서 철저하게 수사하고 개혁의 의지를 저도 기본적으로 윤석열 검찰총장에 대해 신뢰를 했었죠.

조 : 그러니까 윤석열 대통령하고 그 당시에 같은 아파트 같은 동에 사셨다구요.

막 마주쳤다고 돼 있더라구요.

한 : 그 근처 아파트에서 제가 전세를 살고 있었는데, 마침 또 계약 연장이 잘 안 되어서 대출을 받아서 그 아파트를 새로 사서 들

어갔습니다.

한 : 왜 그 홍범도 장군의 흉상을 왜 옮기려고 할까? 왜 3.1절 기념사에서 왜 일본을 향하여 이해와 공감이라는 그런 기념사를 하게 되실까? 왜 채상병 관련 사건에서 수사를 이첩 했는데 그걸 다시 회수하려는 관련 해서 왜 대통령실이 관여 사실들이 왜 보도가 될까? 이렇게 윤석열 정부를 좀 이해하게 되었고. 그와 관련돼서 좀 더 나은 세상을 만들고자 희망하시는 분들에게 이 책을 한번 권하고 싶구요. 또 하나는 제가 서문에도 썼는데 이 책에 등장하는 사건들의 나머지 진실들을 알고 있는 잠재적 내부 고발자들이라든가 그런 분들이 조금 더 용기를 내시라고 이 책에 있는 글들은 사실 제가 국회나 법정에서 증언한 내용들이긴 하지만 굉장히 위험한 내용들도 많거든요.

유 : 2 찍은 그분들은 모르고 찍은 게 아니라 알고 찍은 경우가 대부분이고요. 보통 평범한 시민들은 잘 몰라서 찍는 거예요. 잘할 줄 알고

조 : 그냥 신문에 난 것만 보시고 티비 나온 것만 보시고.

유 : 우리가 우리를 둘러싸고 있는 언론 환경이. 지금 대부분의 기성 언론들이 검찰 또 보수 정당과 재벌 여기하고 한 몸이거든요.

조 : 자 그럼 지금부터 한동수 변호사님과 함께 검찰의 심장부로 들어가 볼까요?

이 책이 표지가 굉장히 얌전해 보이는데 사실 여기 되게 엄청나게 스포가 있더라고요.

험악한 말들이 막 써져있어요. 깡패 소굴, 약자에게 잔인한, 게임인가 사냥인가, 쿠데타와 조선일보, 검언유착 검찰과 무속 사적 욕망의 늪, 검찰을 표현하신 걸로 보이는 데 가장 뭐 동의가 되거나 뭐 어 강조됐다. 이런 부분이 있으세요.

유 : 저는 깡패 소굴이 제일 와닿더라고요.

내가 그냥 밖에서 대충 보고 쟤네들 하는 게 12.12, 5.18 때 전두환 패거리가 한 거하고 거의 비슷한 것 같애라고 그냥 직관적으로 느꼈거든요. 그래서 실제 그런 말을 하기도 했어요. 정서 상태가 그런 것 같다고 근데 이 책을 읽어보니까 제가 그 직관적으로 느낀 게 어 정말 그랬다는 생각이 많이 들었습니다.

한 : 저도 이제 두 가지 점들을 말씀드리고 싶은데 하나는 저도 깡패 속을 검찰에 물론 안 그런 사람도 있지만 주류적인 문화의 특징 특히 특수부 그중에서도 가장 정치적인 윤석열 라인 힘과 이익을 자기들끼리 공유하고 폐쇄적이고. 의사결정을 하는 게 굉장히 야비하고 때로는 품위도 없고 이런 어떤 깡패 소굴 같은. 그러니까 이 공포와 두려움으로 조직을 다스리고 때로는 특활비로 돈을 주고 이런 핵심적인 특성이고, 또 하나는 쿠데타와 조선일보라는 건데요. 검찰 정권의 성격 그 형성 과정들을 이해할 수 있는 것이 쿠데타와 조선일보라고 생각해서요.

조 : 제가 바로 이 책에서 제일 많이 느꼈던 키워드가 그거였어

요.

유 : 그러니까 윤석열 어록에 보면 그중 하나가 '수사권으로 보복하면 깡패지 검사입니까?' 이거 있잖아요. 자기들이 맨날 수사권으로 보복이 아니라 해코지를 해. 보복도 물론 하지만. 그게 자기가 깡패라는 말이었는데. 우리가 잘못 알아들은 거 아니야. 깡패도 여자하고 애들은 잘 안 건드리거든. 윤석열 사단은 기본적으로 가족을 인질로 잡아요. 지금 야당 대표에 대해서도 그 배우자를 인질로 지금 잡고 있잖아. 돈 10만 원 가지고 아 쪼잔해. 정말 이게 뭐야? 이게 깡패에도 못 들어가요. 이거는 뒷골목 양아치가 하는 짓이지라고 생각을 했어요.

한 : 저는 실제로 인제 검찰의 고위직 최상위층에 있는 분도 우리는 양아치야라고 자주 고백할 정도로 실제 그런 지점이 있는 것 같습니다.

조 : 책 1부에서 보고 제일 놀란 게 일부 내용이었어요. 그러니까 처음으로 2019년 10월에 출근을 하셨단 말이에요. 근데 출근 첫날에 윤석열 총장한테 인사를 드리러 갔더니, 처음부터 규정과 다른 지시를 하나 딱 받고, 또 앞으로 부장 회의에 오지 말라 이렇게 통보를 받으셨다고요. 그건 무슨 얘기예요.

한 : 8층에 검찰총장실이 있는데요. 가면 이제 첫 만남이었어요. 제가 법무부에서 당시 임명장을 받고 이제 시작했는데 검사의 일원으로서 총장에게 인사를 드리러 간다. 이렇게 처음에 의례껏 의

식적으로 인사를 하면 마주 본 상태에서 악수를 먼저 하게 되는데 악수를 안 하시더라고요.

한 : 네, 그거는 감찰과 감사 업무는 독립되어서 경우에 따라서는 검찰총장도 될 수 있는 이런 위치에 있는데, 그리고 게시를 할 때 개시할지 말지 여부 감찰을 할지 여부에 대해서 상황과 사실관계를 보고하고, 총장인 나의 승인 나의 허락을 받고하라 라는 취지를 첫 주문이었죠. 고런 게 이제 규정에 반하는 지시이죠.

유 : 그거 규정은 어떤지 모르지만 굉장히 자연스럽죠. 여기 보스가 누구니? 그 얘기이며, 그 생각을 잘해. 딱 이 깡패 소굴이죠. 또 대검 부장 회의에 앞으로 들어오실 필요가 없다.

감찰부장이 당연히 와야되는데 감찰부장이 회의에 안 와, 듣는 소문으로 총장이 오지 말라고 그랬대. 그러면 그 순간 아무도 감찰부장하고 놀지마. 그 뜻이잖아요.

조 : 이 책 52쪽에 보며는 쿠데타와 빨갱이 색출이라고 해서 출근한 지 5개월이 되셨을 때 처음으로 윤석열 검찰총장과 회식했을 때 했던 들었던 말이 나와요. 그게 전 너무 충격적이면서도 아, 이 윤석열이라는 사람은 이래서 정치를 하게 되었구나를 이해할 수 있는 몇 페이지 정도 정말 와닿는 그런 부분이었거든요. 그러니까 그거를 굉장히 아무튼 메모를 다 하셨던 것 같은데, 뭐 어떤 말만 말을 들으셨습니까?

한 : 윤석열 대통령이 하는 말을 정확하게는 세 번째 회식이었습

니다. 저녁때 그러니까 이게 2020년 3월에 총선 하기도 한 달 훨씬 전에. 그래서 굉장히 고조된 상태. 기분이 아주 좋은 상태. 이래 가지고 또 야당이 이긴다고 생각했고, 채널A 사건 제보자가 인제 유시민 이사장님에 대해서 뭔가 제보하기로 하긴 며칠 전이었거든요.

조 ; 계획한 대로 되고 있어. 막 약간 이런 상태죠

한 : 이게 워낙 충격적인 말들이어서 그래서 제가 메모를 바로 적었죠.

조 : 그러니까 나는 대검 부장 가운데 연수원 기수와 나이가 선임이어서 의전상 검찰총장의 왼쪽 옆자리에 앉았다. 이거 유 작가님 보시면은 검찰이나 법원이나 의전 엄청 챙기거든요.

오른쪽 자리가 좀 더 상석이구요. 그리고 이제 왼쪽 자리가 그다음 상석인 건데 총장 옆자리에 앉혔다는 거는 다시 한번 이제 선도의 기회를 드리는 거예요. 개과천선 날 기회를 준 거죠. 이 중요한 자리를 줄 테니까.

회식 때 잘 모셔라. 이건데 아, 먼저 전생과 관련된 말을 했다구요.

한 : 전생과 관련해서 얘기한 게 일제 강점기 태어났으면 마약판매상이나 뭐 독립운동을 하였을 것이다.

유 : 그냥 술김에 한 말이에요. 그렇게 큰 의미를.

한 : 전생을 보는 형태는 제가 불교 쪽 공부도 조금 해서 이 말들에 대해서 자기가 신통이 있다라고 과시하는 사람들은 대개 다 사

실은 사이비들, 100% 사이비에 가깝다고 보는데요. 아 누군가에 의해서 이렇게 믿어선 안 될 말들을 믿고 있구나라는 그런 경계심을 가지고 있었죠.

유 : 한 변호사님은 임금 '왕'자 나왔을 때 별로 놀라지 않으셨겠네요. 저는 엄청 놀랐는데.

조 : 어 저도 내가 왜 잘못 봤나? 우리 티비 화면 깨진 줄 알았어요.

한 : 충분히 그럴 수 있다라고 하고, 또 뭐 책에도 나오는데 '용'자 부적 같은 경우에도 충분히 가능하다 대권을 향해서 충분히 무속인들의 도움을 받을 수도 있다. 이런 생각은.

조 : 그다음에 또 이제 호기롭게 쿠데타 관련 얘기도 했다고 하더라구요.

한 : 네, 쿠데타라는 것은 육성으로 쿠데타란 말들을 직접 입 밖으로 나왔어요. 그래서 내가 육사에 갔더라면 쿠데타를 했을 것이다. 그렇게 했어요. 5.16 때 군사 쿠데타를 한 주역들은 중령급이다. 김종필 등 그러고 검찰로 치면 부장에 해당된다. 그 시절로 돌아가고 싶다. 이렇게 얘기를 했어요. 제가 기록했어요.

유 : 조국 사태를 일으킨 게 12.12 비슷한 거예요. 이게 구조가 되게 비슷한데 일단 군권을 장악했잖아요.

근데 다만 전두환은 5.18때 엄청나게 국민들을 살상하고 대통령직을 무력으로 찬탈했지만, 이 사람은 국민을 속여가지고 선거로 대통령에게 됐다는 그 절차는 다르지만 그 구조는 거의 동일합니다. 그러니까 육사를 안 가서 쿠데타를 못하기 때문에 사법시험을 봐서 검찰총장이 되어서 쿠데타를 성공시킨 거예요. 예 저는 그렇게 봐요. 구조가 동일 해요.

한 : 맞습니다.

독서보다는 3공화국 4공화국 5공화국의 MBC 드라마를 많이 본다는 그때 하신 것 같은데, 방금 전에 그 전두환 수사를 했었지 않습니까? 수사를 통해서 지지를 받고 이렇게 간 구조들도 흡사하죠. 수사하는 사람이 마치 거기에 정당성이 부여되고 수사 대상은 인제 뭔가 상당히 문제가 있는 사람으로 하고 지지를 받게 되죠.

유 : 그러니까 자기를 정당화하기 위해서는 5.18 민주화운동을 하신 분들이 빨갱이라야 되잖아, 간첩이 선동을 했어야 되잖아요. 자기들의 살상 행위를 정당화하려면 그러니까 윤 정권과 지금 한동훈 씨가 위원장으로 있는 국힘당이 계속해서 조국 일가를 공격하는 이유는 뭐냐 하면 조국은 도덕적으로 법률적으로 파렴치한 사람이고 범죄자여야만 돼요. 그게 아니면 자기들이 큰일 나는 거예요. 이게 정통성이 다 무너지는 거예요.

조 : 한 사람을 괴롭힌 게 되잖아요.

수사권 기소권으로 근데 검찰의 역사는 빨갱이 색출의 역사다. 이런 얘기도 그때 하셨다구요.

한 : 네 맞습니다.

유 : 그거는 사실을 얘기한 거잖아요.

지금은 이제 민주화된 이후에 민주 정부가 두 차례 들어선 이후에 더군다나 특수부 특수통 검사인데요. 특수통 검사가 빨갱이란 말이 공안적 시각이거든요. 그게 과거를 말하는 것이 아니고 현재를 이야기하는 현재 검찰의 과제로 이렇게 이해하고 있는 것으로 전 당시에 그렇게 인식을 했어요. 대통령이 되고 나서 공산 전체주의 타령이 계속 나오잖아요. 맞아요. 그게 결국은 보면 그냥 나온 말이 아니고 원래부터 검사 시절부터 가지고 있던 생각이 대통령이 되고 나서 표현 양식이 대통령이 자기 입으로 무슨 기념사에서 빨갱이 색출이 우리 지대의 과제입니다 라고 표현할 수는 없잖아요. 그 말을 순화해서 그렇게 말한 거를 이해할 수 있어요.

조 : 근무 시작 반년 만에 윤석열 검찰총장하고 충돌이 시작돼요. 그런데 그때마다 한동훈 부장이 다 그 충돌 소재가 되더라구요.

한 : 정말 공교롭게도 처음에 충돌의 전초 시작 또 한동훈 당시 검사와 관련된 일이었어요.

한동훈 검사가 처남 진 모 검사에 대해서 인사 청탁 관련 문제 또 언론의 사실을 좀 유출한 문제와 관련해서 그걸 할 때 처음으로 윤석열 총장이 감찰부 일에 대해서 개입했던 일이고요.

조 : 그게 이제 알게되었으니까 감찰을 당연히 하셔야 되는 거잖아요.

한 : 네 맞습니다.

조 : 근데 윤석열 총장이 이걸 종결하라는 쪽으로 인제 의사를 관찰하라고 한 거죠.

그러니까 이 책의 앞부분에 한동훈 부장이 문제에 소재 문제를 일으킬 때마다 채널A 사건에 관련 해서 뭐가 들어온다든가 할 때마다 그 부장을 감싸기 위해서 계속해서 윤석열 총장이 어떻게 감찰 일을 방해했는가가 나오는데 한동훈 그 부장 지금 비대위원장의 말도 재미있어요. 죄가 될 만한 것은 어떻게든 찾으면 나오기 마련이다. 이런 얘기를 했다고요.

한 : 죄가 될만한 것은 어떻게든 나오게 마련이니까. 그 죄를 발견하지 못하는 검사는 무능하다. 털면 다 나오구요. 처음에 예전에 진술서 하나 내놓고 모두 써 그러고서 안 쓰면 나올 때까지 쓰라고 이렇게 해서 모든 탈탈 털면 나오고 이렇게 모든 범죄들은 그러니까 그걸 밝혀내지 못하면 무능하다.

조 : 조국 장관 별건 수사나 가족 수사를 보며는 한동훈 검사 스타일을 알 수 있어요.

한 : 네 그때 가장 중요한 현안 수사였기도 하였죠

조 : 조국 음 수사가 자 그러면은 옆에서 바로 옆에서 대검찰청이라는 건물 안에서 지켜보신 윤석열 검찰총장과 한동훈 검사 2명 다 검사인데 스타일이 좀 차이가 있죠.

한 : 둘 다 한 몸이에요. 같은 생각을 공유하는 한 몸.

유 : 근데 둘이 한 몸이라고 그랬는데 저는 어떤 느낌이냐 하면

깡패 소굴에서 많은 범법 행위들을 공유하고 있는 것 같다. 그러니까 검사들이 밖에 나와서 퇴임한 후에도 실제 검찰 조직이 어떤 식으로 이루어지고 있는지에 대해서는 말을 일체 안 한다.

뭔가 이렇게 서로서로 봐주지 않으면 안 되는 어떤 것들을 공유하고 있는 거 아닌가. 그런 의심이 들더라고요.

한 : 네 맞습니다. 말씀하신 대로 전 현직 검사들 전직 검사들 일제히 침묵을 하고 있습니다. 그래서 그 이유가 실제 말씀하신 대로 실제 범죄를 같이 했다. 예를 들어서 특수활동비 같은 경우에 그 모든 검사들이 저는 이렇게 단언할 수 있어요. 용도와 목적에 맞게 집행한 검사들은 드물다 극히 드물다 없다라고 봐도 된다. 저는 뭐 단기간에 있었으니까. 용도의 목적에 맞게 집행을 했지만, 그렇지 않은 검사들은 없다. 그리고 실제 공범 관계 비슷하게 범죄를 같이 했기 때문에 얘기를 하지 않고 또 실제 그 인사권자가 같이 한 사람을 챙겨줍니다. 또 그리고 또 얘기하지 못하는 이유 중의 하나가 공포라는 게 있는 것 같아요.

제가 실제 감찰부에서 근무하면서 이제 과장들 수사의 대상이 되고 이러면 공황 장애 유사할 정도로 일을 못하더라고요. 그래서 수사의 대상이 되면 어떻게 이루어질지 이것들을 알게 됩니다. 어떻게든 이유를 달아서 근거를 찾아서 기소를 하기도 하고 영장을 청구하기도 하고 또 징계를 하기도하고 그렇기 때문에 공포도 하나의 그 입을 막는 중요한 도구, 기재가 아닌가 싶습니다.

유 : 이 말씀은 특수활동비는 국민 세금인데 나랏돈이잖아요.

그거를 원래 특수활동비와 관련되어 있는 법률 시행령 규칙 내부규정 이런 거에 맞지 않게 그걸 사용했다면, 범죄 행위죠 근데 그걸 검찰 조직 전체가 수십 년간 그렇게 해왔기 때문에 사실상 모두가 공범이 되어 있는 조건이라고 봐야되는 거구요..

조: 이 책은 240쪽 이후로 해서는 그 특활비 문제가 나와요.

근데 거기 보며는 제가 되게 눈에 띄었던 게 신임 검사 매뉴얼이라는 문서가 있다면서요. 대인관계 항목이 아예 있다고 하고 선배 검사와 후배 검사가 어떤 관계여야 되는가 설명을 하는데 검찰의 조직 역량을 극대화하기 위해 구성원인 검사들의 돈독한 동지애 동료애가 절대적임 이게 문서 내용입니다. 선후배 간에 형제자매처럼 대하면서 함께 동고동락하는 자세를 가져야 한다고.

유: 그 얘기 깡패 소굴이 아닙니까?

조: 신임 검사한테 대인관계는 동거동락 형제자매 끈끈해야 된다. 이렇게 써놓고 있네요.

한: 네, 그래서 제가 인제 검사동일체 원칙이라는 논문을 썼습니다. 검찰 조직을 작동하는 원리 그 이데올로기는 무엇일까? 하면서 그거를 쓰면서 이제 과거의 규정이 아니고 현재의 규정입니다. 그거는 신임 검사에 대해서 그렇게 교육을 받습니다. 그러니까 말로는 이제 단독체의 독립된 관청처럼 하지만 실제는 형제자매처럼 그렇게 움직이고 있죠.

조: 특활비로 다 얽히니까 빠져나갈 수도 없고, 배신도 못하고.

유 : 굉장히 안 고상한 질문 하나 해도 될까요? 이제 한동훈 검사 그 당시에는 검사예요. 그죠 요즘 비대위원장 제가 최근에 어디 방송에 나가서 여당 비대위원장이 무슨 악플러 처럼 행동하고 있다고. 원래 검사 때도 그런 식으로 스타카토 화법으로 말했어요. 저는/ 그 문제는/ 민주당의/ 이런 식의 화법 그때도 그랬어요.

한 : 네 기본 원래대로 빠른 속도로 이렇게.

유 : 아니, 그 연기가 아니에요? 이게 연기적 요소도 좀 늘어간 것 같은데요. 네, 늘어가긴 했지만, 그 기본적인 말투 어법 속도 이런 부분들은.

아, 원래 그랬구나하면 쏘리. 나는 비대위원장 되고 나서 그런 줄 알았더니가 아니었네. 두 번째는 윤석열 그 당시 검찰총장이요. 지금 대통령이지만 마음이 불편하면 그 사람을 안 본다 이거예요.

한 : 예 그러니까 내가 하라는 대로 안 하거나 혹은 내 의견과 다른 의견을 자꾸 말하는 놈은 아예 안 본다. 네, 이거 같아요.

조 : 이 책에 기술된 걸로 보면 에피소드가 하나 있는데, 그 내용이 나온 게 한동훈이 관련된 채널A 사건 관련해 가지고 압박을 넣은 사람이다라는 제보가 들어오거나 언론 보도가 있거나 이런 상황에서 그럼 당연히 감찰부장으로서 한동훈 부장을 수사를 하셔야 감찰을 하셔야 되는데. 그것을 보고를 하려고 했더니, 윤 총장이 연차를 내고 출근을 안 했다구요.

한 : 네네. 원래 휴가를 잘 안 내시는 분인데 그때 휴가를 내고

금요일 또 다음 주 월요일도 또 안 오시고. 그래서 직접 대면 보고 할 기회를 제가 얻지를 못하는 거죠.

  조 : 아크로비스타에서도 만나셨다면서요

  한 : 그때. 아, 그거는 산책 중에 만났고 그러니까요?

  그게 제가 아, 그렇구나. 이걸 보고 이해를 하게 됐어요. 왜 대통령 취임 후에 2년 동안 야당 대표를 안 만나는지 아 그리고 대검 부장 회의를 없어요. 하질 않아요.

  조 : 그러면은 이재명 대표 계속 안 만나잖아요.

  유 : 그러니까 여기 보면 감찰부장은 안 와도 돼. 부장 회의라고 했는데 전례에 보니까 다 왔던데요. 하고 인제 가잖아요. 아니 감찰부장 오지 말라 했는데 계속 가서 가지고, 영등포 중간보스 오지 말라 했는데 회의에 왔단 말이야.

  조 : 회의를 없애버렸어.

  유 : 예, 그러니까 으이씨. 이거를 쫓아낼 수도 없고 그러니까 야, 회의 하지마. 회의를 안 해. 그럼 회의 안 하는 대신에 따로따로 부르지. 따로따로 불러서 꼴 보기 싫으니까 저 회의하지 말고 각자 와서 보고해. 이렇게 했단 말이에요. 그러니까 야 이걸 보니까 다른 이유가 있는 게 아니구나. 이재명 대표하고 대화를 안 하는 게.

  자기가 그냥 불편한 사람은 대화하고 토론해 보고 의견 소통하는 게 아니라, 그냥 안 보는 거죠.

  한 : 공적인 업무를 수행해야 되는데 그거를 안 하는 거죠.

유 : 그러니까 그전에는 대통령이 야당 대표하고 대화를 안 하는 것에서 제가 마음이 좀 불편했거든요. 이 대목을 읽고 나서 굉장히 자연스러운 거구나. 대통령을 이해하고 나니까 덜 밉더라구요. 본인도 일부러 그러는 게 아니야. 천성이 그런 거. 어떻게 하라고 저는 생각하는데 괜찮을까요?

한 : 네 동의합니다.

조 : 그리고 이 책에서 앞에 표지에서 얘기하신 것처럼 저는 검언유착 부분이 굉장히 구체적으로 이해가 되는 부분이 있었어요. 그러니까 검찰이 언론을 활용해서 사실상 재판을 지배하고, 사실상 여론을 움직이고, 사실상 사건을 만들어 낸다라는 부분에 대해서도 본인이 겪으신 사건들을 서술하면서 굉장히 자세하게 이렇게 쓰셨더라구요.

한 : 특히 대검 기자단 자체는 검사와 거의 동일시. 그러니까 한 몸처럼 그것도 역시 마찬가지로 아주 과거에는 검사 수사를 대신도 했다고 들었어요.

기자가 나가서 무슨 사실도 파악해 오고 그걸 다시 수사에 도움이 되고

유 : 채널A 사건이 그런 거죠. 외주, 외주인 거죠. 위험 감소를 하지 않기 위해서 산업재해의 위험이 따를 수 있는 업무는 외주를 주는 거죠. 기자들한테 아웃 소싱하는.

한 : 네, 그리고 이 고발사주 관련해서 인제 진술로 들은 것은 한

동훈 검사가 차장 시절에 사진을 찍어서 기자들한테 전송했다고.

조 : 뭘 찍는다는 거죠.

한 : 신문에 보도되는 내용이 있죠.

조 : 수사 상황, 수사 자료.

한 : 네네, 그 당시에는 중앙지검의 3차장 뭐 이런 차장들이 직접 이제 브리핑을 하던 시절이기는 한데. 그래도 사진에 대해서 찍어서 파일로 전송을 해서 이렇게 한 측면들이 확인되고.

조 : 브리핑 2차로 가공돼서 브리핑하는 거랑, 증거나 자료가 뭔가를 찍는다는 것은 원본을 보여줘야 된다는 건데 이게 피의사실 공표죄라는 게 존재하구요.

사실 압수수색도 지금 진행 중이잖아요.

유 : 그런 게 있기 때문에 기자들이 실력 행사를 한 거죠. 언론 자유에 대한 탄압이다라고 얘기하는 거는 평소에 검사들하고 그런 걸 주고받은 거예요. 근데 이 감찰 과정에서 검사의 핸드폰을 임의제출을 받아서 포렌식을 하다 보면 검사의 기밀 유출 행위가 나올 수도 있지만 그것을 받은 기자도 나올 수가 있잖아요. 그러니까 자신들의 취재원을 보호하기 위한 거예요. 저는 일리 있는 주장이라고 봐요. 기자 입장에서 생각하면 손준성 검사나 한동훈 검사는 자기들이 중요한 취재원이에요. 근데 그 취재원의 핸드폰을 압수수색 하는 거는.

조 : 자기들도 나오는 거네요. 이거 자기 일이었네. 기자들이 근데 지금 부장님 그걸 갖다가 그렇게 헤집고 다니시니까 기자들이

가만히 있겠습니까?

유 : 나라도 가만히 안 있을 것 같애.

조 : 그러니까 총장이 아 이렇게 하고 막 다가오는 거 아닙니까? 또 재미있는 얘기가 2가지 정도 더 있어요.

뒷부분에 가면은 무속 관련된 얘기가 하나가 있더라구요. 대검찰청의 해치상에 뿔 돌린 얘기. 그러니까 대검찰청에 해치상이라는 동상이 있다는 거죠.

한 : 맞습니다. 뿔 달린. 처음에 그 해치상이 대검의 집무실을 향하도록 돼 있었는데, 당시 검찰총장이 이제 온 로비 사건 등으로 구속되는 사태가 발생합니다.

조 : 오래전 그 전임 검찰총장이.

한 : 네 맞습니다. 그래서 그거를 해치상의 뿔 가리키는 방향으로 해석을 하고 그걸 바깥 방향으로 돌리고.

조 : 옷 로비를 받은 거는 로비 원인이잖아요. 그래서 구속된 거 아닙니까. 근데 그게 해치상 때문이라고요.

유 : 해치상이 이쪽으로 있었으면 안 걸렸을 수도 있잖아요.

한 : 뿔의 방향이 그래서. 그거를 인제 대법원장을 가리키도록 그 실로 가리키도록 그 뿔의 방향이 이렇게 놔서 결국 그래서 양성태 대법원장이 구속됐다라고 이렇게 믿고 있는 검찰 구성원들이 상당히 있습니다.

유 : 너무 모욕하시는 거 아니에요.

한 : 그렇게 일부 증언을 제가 들었습니다. 진술을.

조 : 그래서 결국엔 해치상을 옮겨 놓고 뿔도 딴 데로 틀었다는 거 아니에요.

한 : 네네, 대법원을 가리키도록 대법원 청사를 가리키도록.

유 : 잘못하면 검찰총장 구속될 뻔했어. 뿔을 돌렸기 망정이지.

조 : 근데 이제 대검 청사의 대나무 숲에 '용'자 부적이 발견된 적이 있어요.

한 : 네, 맞습니다. 서초경찰서 뒤편에 웅덩이가 하나 있습니다. 그 주변에 제가 산책하다가 대나무 숲 거기에 이렇게 부적이 뿌려져 있더라구요. 거긴 좀 음산합니다. 마치 그 안에 사체가 있을 것 같은. 동물 사체가. 이런 음산한데 거기에 인제 그런 부적들이 뿌려져있더라고요.

'용'자 부적이 그러고 나서 나중에 용산 담벼락에 있던 그 부적 사진이 제가 보도를 통해서 봤는데요. 같은 거예요. '용'자.

조 : 그래서 같은 어떤 도사가 쓴 것처럼 같았다는 건데.

한 : 네모나고 뿌려진 형태도 이렇게 지표상으로 이렇게 뿌려져 있거든요. 그래서 '용'이라는 것이 대권을 염두에 두는 이런 무속 행위잖아요.

유 : 선생님, 무속계에서 걱정이 많데요. 대통령한테도 무속인이 필요한데 에이급이 가야 되는데 씨급들이 가 있다고. 무속인들이 근심이 많데요.

조 : 우리나라의 무속계에서 지금 막 기도를 하고 있거든요.
나라가 이렇게 기울어지는 거라고 하면서.

한 : 지금 근데 중요한 정책적 의사결정들은 되게 과학적이고 합리적이고 자료에 따라서 결정이 이루어져야 되는데, 너무 일방적이고 즉흥적이고 이렇게 비합리적인 누군가에 의해서 결정되는 굉장히 불안하고 위험한 일이죠.

조 : 당연합니다. 대선 토론회에서 토론 준비를 열심히 하셔야 되는데, 이렇게 뭐 이렇게 '왕' 자 쓰구 이러면 이게 토론이 제대로.

유 : 거짓말을 얼마나 잘하냐는 거예요. 동네 할머니가 아침에 써줬는데 머 어때. 그러니까 거짓말 되게 잘한다고 그랬잖아요. 그냥 진짜 거짓말이. 아니 온 국민이 보는 티비 토론회 나와 가지고 '왕'자 보였는데. 그날 아침에 동네 할머니가 왜 하필 '왕'자를 한번만도 안 해. 세 번이야 세 번. 그러니까 이게 너무 거짓말을 아무렇지 않게 해요. 그런 것 중의 하나라고 봐야죠. 그러니까 뭐 아휴 지금 걱정은 걱정이에요.

한 : 네, 이렇게 처음에 어, 검찰 검찰에 대해서 왜 이렇게 거짓말을 많이 할까? 왜 이렇게 품위 대개 인간의 존엄성과 품위가 관련되잖아요. 헌법 최상위같이. 그럼 왜 품위가 이렇게 없을까? 또 사법기관들은 진실을 추구하는 사람들인데 왜 거짓을 할까? 생각을 해봐서 저는 피의자 신문에서 연원과 이유를 찾아봤어요. 미국의 리처드 레오 교수가 쓴 '피의자 신문의 기법' 중에 기만이라는

게 있습니다. 속여서 증거 계략을 통해서 자백을 받아내는 거죠. 그것들이 오랜 기간 수사를 하다 보니까 기만하고 속이는 것에 대해서 굉장히 직업적 인격을 형성하게 되지 않나 그래서 이 검사들에 대해서 인간의 해방을 위해서도 수사권을 해선 안 되겠다. 기소하고 같이 해선 안 되겠다. 이런 생각을 좀 해보긴 했었습니다.

유 : 검사와 인간 해방을 위해서는 수사와 기소를 분리시켜야.

한 : 네네, 맞습니다.

조 : 저는 검사가 아니어서 별로 와닿질 않아 이제 마지막으로, 검찰 개혁 얘기로 한번 가볼게요. 왜냐하면, 정말 이 검찰의 심장부에서 그러니까 제가 마음이 좀 아팠던 건 뭐냐면 변호사님께서 그 대형 로펌에서 잘 나가시던 자리 이렇게 승승장구할 수 있는 자리를 다 버리고 갈 때의 심정이 처음에 그 감찰부장 모집 공고가 그 신문을 보는 순간 아 나의 소명은 '이거다'라고 반짝하고 빛이 났더라고 책에서 시작을 해요. 그런데 마지막에 보면 이제 사표 내라 막 내라 내라 해서 내고. 윤석열 대통령 당선된 다음에 내고 나올 때 노래를 부르면서 대검찰청 건물을 나왔다. 이렇게 끝이 나거든요. 수년을 옆에서 그렇게 심장부에서 면밀하게 보면서 왜 검찰이 개혁이 안 되는가? 구체적인 방안을 느끼셨을 것 같아요. 이렇게 해야된다는.

한 : 검찰 개혁 과제는 일단 제도 설계의 관점과 인적 청산에 두 가지 방향으로 생각을 해봤습니다. 저희 현재로서의 생각입니다.

제도 개혁에 대해서는 근본 문제는 수사와 기소의 분리입니다. 수사와 기소권을 분리해서. 그거는 뭐 인지적으로도 그 수사하는 사람은 무조건 기소할 쪽으로 확증 편향과 터널 비전에 빠지게 됩니다. 여기밖에 못 보는 거죠. 본인한테 유리한 자료만 수집하게 되고, 경우에 따라서는 이제 기소를 하지 못하면 수사팀의 피해가 돌아가기 때문에 그 수사와 기소를 분리해야 된다.

조 : 그러면은 기소하는 검찰이 성과를 내기 위해서. 뭐가 없으면 될 때까지 터는 거를 방지하려면 기본적으로 다른 기관이 그렇죠. 다른 기관이 수사한 거를 검토하는 역할을 맡겨야된다.

한 : 그게 인제 핵심이고요.

그런데 만약에 이제 이 검찰이 이젠 기소청으로 공소 제기 권한만 갖는다 해도 그 권한 자체가 굉장히 막강합니다. 그냥 불기소하면 되거든요. 아니면 기소하면 되거든요. 굉장히 막강한 권한이기 때문에 그 기소권 자체에 대해서 다시 통제하고 견제할 수 있는 그 감찰 기구의 독립화가 필요합니다. 지금처럼 대검에 들어와 제가 경험을 통해서 알게 됐습니다. 검찰총장으로부터 이제 독립된 감찰 기구가 필요합니다. 그리고 감찰 과정과 결과를 공개를 해야 됩니다. 이게 홈페이지에 리포트 형식으로 계속 공개를 하거든요. 그래야 실효성이 확보가 되거든요. 그리고 또 인적 청산의 문제는 아마 김영삼 대통령 재임 시 하나회를 좀 생각하시면 될 것 같습니다. 지금 이게 현재 그 당시에 하나회가 신속하게 처리될 수 있었던 이유는 5.18 광주 민주화운동의 그런 희생들이 있었고요.

그리고 하나회의 계보와 그런 패턴 이런 것들에 대한 연구가 사전에 있었죠. 우리나라의 어떤 대검 중수부라든가 서울 중앙특수부 등에 대한 어떤 과오 범죄를 한 이런 특수부 검사 출신에 대한 연구 그리고 그 부분에 대한 적절한 인적 청산이 필요하다라고 봅니다.

유 : 근데 검사는 인적 청산하기가 어려워요. 이게 법적인 문제가 있는데, 김영삼 대통령이 물어봤다지 않아요. 그 당시 국방 장관에게 장군들은 사표를 받아야됩니까? 물어보니까. 군인도 공무원이니까요? 아닙니다. 각하께서 통수권자시니까 명을 하시면 됩니다. 어, 그래 간단하잖아요. 보직 해임 시키는 거는 대통령 서명하면 끝나는 거고, 그러니까 군은 특수한 조직이어서 이게 신분 보장의 성격이 좀 달라요. 검사하고. 그런데 검사들은 우선 파면할 수가 없어요. 그죠. 해임은 할 수 있죠. 한데 해임을 하더라도 또 소송을 걸 수 있죠.

그래서 사유가 분명해야돼요. 아니 윤석열 검찰 대통령도 검찰총장 징계했더니, 그것 때문에 뭐 한동훈 씨가 법무부 장관 와 가지고 패소할 결심이 와서 결국 패소하잖아요. 되게 복잡하고 지루한 과정이어서 하나회를 숙청하는 것처럼은 못 해요. 그러니까 여기 뭔가 방법이 필요한 거죠.

한 : 네, 만약에 인제 문재인 대통령 후에 또 다른 현재의 검찰 또 다른 정부 형태가 이어졌더라면 지금 더 이상 조직에 남아있기

는 어려웠으리라고 예상하는 분들이 있죠.

유 : 원래 암은 뿌리 뽑기가 되게 어려워요.

조 : 자 마지막으로요 저자가 코앞에 계시지만 빼놓을 수 없는 1줄 평과 별점 시간이 돌아왔습니다.

유 : 저부터 할까요? 대한민국 서초동에 있는 깡패소굴에 관한 에일리언의 보고서 그런 느낌이고요. 별점은 저는 이거 5개 드리려고 그래요. 그렇게 재미있지는 않아요. 왜냐하면, 읽으면서 섬칫섬칫한 때가 너무 많아 가지고 이 책을 재밌다고 말하기는 어려워요. 근데 우리가 이렇게 정말 이상한 섬칫한 일이 벌어지는 세상에 살고 있기 때문에 이런 일들이 왜 일어나는지 어떤 식으로 일어나는지는 알아야 이거를 이겨낼 수가 있다는 생각이 들어요. 결국은 사회 변화 정치 뭐 제도 개혁 이 모든것들이 지도자가 하는 거 같지만 종국적으로 보면 대중이 그걸 알고 원하고 뒷받침해 줘야지만 할 수 있거든.

그래서 저는 지난 몇 년간 검찰을 둘러싸고 벌어진 이 어마어마한 정치적 내전과 같은 소용돌이. 그리고 윤석열 검찰 정권의 수립. 그다음에 나라가 거의 시스템이 허물어져 가는 느낌을 주는 지난 2년. 다가온 총선. 앞으로 어떤 상황이 벌어질지 모르겠다는 불안감. 이런 것들이 우리를 지금 둘러싸고 있거든요. 이럴 때일수록 이 일이 일어난 원인에 대해서 시민들 개개인이 직시할 필요가 있는 시기라고 봐요. 우리가 살고 있는 이 세상의 가장 끔찍한면 중에 하나를 보여주는 책이기 때문에 우리 자신을 위해서 한번 읽어 볼 필요가 있는 책이다. 그런 생각 듭니다.

조 : 사실은 제가 이 책 보고 되게 감동을 좀 많이 받아가지고. 그러니까 책이 즐거움을 주는 책도 있지만 어떤 일을 해야겠다. 라는 결심을 하게 하는 책이 저는 좋아요. 그때 이 책을 보고 아 이 언론이 정말 문제구나. 검찰하고 이렇게 유착을 해가지고 없는 수사도 만들고 쥐락펴락하고 있는데, 또 뭐라도 해야겠다. 약간 이런 생각을 하게 됐어요. 그래서 5점 드리고 싶구요. 그리고 저자의 1줄 평 그리고 별점도 한번 들어보겠습니다. 몇 점 주시겠어요.

한 : 5점 만점에 4.8 그냥 정직하게 제가 쓴 글이니까요.

유 : 네 좋죠. 아니 저자는 자기 책에 대해서 최소한 그 정도의 자부심을 느껴야죠. 너무 많이 줬나요?

한 : 네 아닙니다. 예 책 평가는요 책은 스스로 자평하신다면 여기 있는 글 한번 읽는 것으로 대신 하겠습니다. 어느 페이지인가요? 49페이지예요. 검사 선서입니다.

검사가 임관할 때 '나는 불의 어둠을 걷어내는 용기 있는 검사. 힘없고 소외된 사람들을 돌보는 따뜻한 검사. 오로지 진실만을 따라가는 공평한 검사. 스스로에게 더 엄격한 바른 검사로서 처음부터 끝까지 혼신의 힘을 다해 국민을 섬기고 국가에 봉사할 것을 나의 명예를 걸고 굳게 다짐합니다.'

조 : 이게 검사될 때 하는 검사 선서죠

한 : 네, 세상에 검사들이 검찰이 우리나라 사회경제적 발전에

장애가 되지 않고 검사들이 처음 임관할 때 초심을 가지고 정말 국민 전체에 대한 봉사자로서 새롭게 서기를 바라는 그런 염원입니다.

이 글을 정리하던 10월 중순 국회 국정감사장에서 정청래 법사위원장이 검찰을 향해 던지는 의견을 글로 옮긴다.

검찰은 지금 스스로 검찰을 해체하고 있는 중이다라고 저는 생각합니다. 검찰의 적은 다름 아닌 바로 검찰이다. '검적검'이라고 생각합니다. 검찰은 죽었습니다. 검찰이 조종을 울렸습니다. 손바닥으로 하늘을 가리려 한다면, 하늘이 노해서 몸뚱이 전체를 태워버릴 것이라고 저는 생각합니다. 검찰 스스로 명을 재촉하고 있다라고 생각하는데 비단 지금만이 아닙니다.

검찰의 흑역사를 잠깐 살펴보겠습니다.

이명박 BBK에 대해서 무죄를 발표하는 영상 장면을 보시겠습니다.

옵셔널벤처스 인수 및 주식 매매에 쓰인 돈을 제공히였거나 그로 인한 이익을 받았다는 증거가 발견되지 않았으며, 달리 이 후보가 김경준과 주가조작을 공모하였다고 인정할 만한 증거도 없습니다. 이명박 BBK 주가조작을 털어주는 검찰의 장면입니다. BBK 광운대 동영상에서 BBK는 내가 설립했다. 그랬는데 '내가'라는 말이 없다. 주어가 생략됐다라는. 이런 허무맹랑한 희대의 코미디도 있었습니다.

그 당시 BBK와 이명박과는 아무런 관련이 없고 따라서 이명박은 무죄라고 강변하고 있는 모습을 오늘 다시 검찰의 모습과 견주어 보면 흡사 똑같습니다.

박종철 열사가 고문치사를 당했을 때 '탁' 치니 '억' 하고 죽었다라고 발표를 했었습니다. 이때 박종철 열사만 죽은 것이 아니라 전두환 정권도 함께 죽었습니다. 그런데 그 고문치사 사건이 은폐 조작되었다라는 것이 폭로되면서 전두환 정권은 몰락했습니다.

검찰의 흑역사에는 성공한 쿠데타는 처벌할 수 없다. 이 또한 검찰의 흑역사의 한 장면이고 전두환 노태우는 사형 무기 선고받고 징역 살고 그랬습니다. 검찰이 털어주려고 했던 전두환, 노태우, 5.18, 12.12 군사 쿠데타도 결국은 단죄를 받았습니다.

윤석열 정권의 검찰은 오늘 영장 청구조차 안 했다. 사실상 수사를 적극적으로 안 했다. 아니 그냥 봐주기로 했다. 무혐의 불기소라는 목표를 정해놓고, 경로 의존성에 법칙대로 그대로 갔다. 그 날짜를 어제 택한 것은 손 없는 날 길일을 그냥 택했을 뿐이다. 저는 그렇게 생각합니다.

한글박물관, 세종대왕기념관, 세계문자박물관 탐방하다

9월 추석 연휴 이후 글 쓰기를 멈추었다가 10월에 들어서 다시금 쓰기로 했다.

무얼 글감으로 쓸까? 생각하다 언어 학자들이 인정한 가장 창의적이고 과학적인 문자이자 전 세계에서 유일하게 만든 사람과 완성된 날짜가 알려진 위대한 문화유산 한글을 떠올리게 하는 한글날이 달력을 보니 눈에 들어와 10월 첫 일요일 오전 인천에서 전철을 타고 용산 이촌동 국립 한글박물관으로 향했다.

현장에 도착, 이제껏 들어가 관람해 본바 없는 국립중앙박물관을 그냥 지나치고 마주 하고 있는 한글박물관으로 향하는 발걸음을 딛고 가다가 올해 가기 전 시간을 내어 올라와서 못가 본 전쟁박물관까지 함께 관람해야겠다는 생각을 했다.

올해가 훈민정음 반포 578돌이다. 10월 4일부터 10일까지 '괜찮아?! 한글'을 주제로 '한글 주간' 행사가 진행되고 있었다. 박물관 건물 밖에서부터 한글의 가치와 아름다움을 알리는 다양한 문화 행사가 열리고 있었다. 박물관 입구 길가에는 근 30개 부스에서 문화축제를 위해 요원들이 활동하고 있었다.

[아름다운 우리 글 따라 쓰기], [한글 조각놀이] 등. 그리고 [입는 한글 마당] 부스에서는 티셔츠에 한글 디자인을 넣어 전시와 판매를, [훈민정음 서문 탁본 쓰기] 부스에선 엄마와 같이 온 아이들이 행사 요원들의 안내로 한지에 먹물을 머금은 둥근 밀대를 이용해 눌러서 탁본이 나오면 이 한지를 집으로 가져가는 의미 있는 체험 활동도 눈에 띄었다.

국립 한글박물관은 2014년 10월 9일 첫 문을 열어 올해가 개관 10주년이 되는 의미 있는 해이다. 건물 2층 상설 전시장으로 들어가니 7개 주제의 소전시실이 있는데 전시실 전체는 한 권의 '훈민정음'을 상징한다고 한다.

[1실]은 '나라의 말이 중국과 달라' 주제로 우리말을 적을 글자가 없었기 때문에 중국의 글자인 한자를 빌려 쓰는 안타까운 상황을 알리는 부분, [2실]은 '내 이를 딱하게 여겨'로 세종은 글자를 몰라 자신의 뜻을 제대로 전달하지 못하고 억울한 일을 당하는 백성들을 위해 한글을 창제한 부분. [3실]은 '스물여덟 자를 만드니'라는 주제로 1443년 세종이 만든 한글은 그 당시 '훈민정음'이라 불렀는데 자음 글자 17개와 모음 글자 11개를 합한 28개 글자로 이루어진 부분을. [4실]은 '쉽게 익혀'로 세종은 우리 백성들이 한글을 통해 삶에 필요한 학문과 지식을 쉽게 익힐 수 있기를 바랐다는 부분, [5실]은 '사람마다'라는 주제로 세종은 모든 사람이 한글을 통해 신분

이나 성별에 상관없이 자유롭게 소통할 수 있기를 바랐다는 부분. [6실]은 '날로 씀' 주제로 세종이 1443년에 만든 한글은 450여 년이 흐른 1894년에야 공식적인 나라의 글이 된 부분을, [7실]은 '편안케 하고자 할 따름이니라.'는 주제로 세종은 한글이 보다 나은 문자 생활을 가능케 하고, 이를 통해 모든 사람이 좀 더 나은 삶과 문화를 누리는 세상을 바랐다는 부문으로 전시가 마쳐졌다.

그리고 한글 띄어쓰기는 성경을 한국어로 최초로 번역한 스코틀랜드에서 온 존 로스 선교사인데 1877년 최초로 한글 띄어쓰기 교재 '조선어 첫걸음'을 제작. 하지만 보편화되지는 못하고 있었다. 이후 미국 선교사 호머 헐버트는 한글 발전에 지대한 영향을 미친 사람으로, 주시경 선생과 함께 국문연구소를 설립하고 한글 표기에 띄어쓰기와 쉼표, 마침표 같은 점찍기를 도입하였다, 서재필, 주시경, 헐버트 등이 함께 만든 최초 한글 신문인 '독립신문'에서 띄어쓰기가 본격 도입된 게 1896년이었다. 1446년 훈민정음이 반포된 후 450년 만에서야 지금의 한글 모양새가 조선 민중에게 알려지기 시작하였다.

3층 기획전시실은 '사투리는 못 참지!'라는 주제로 우리나라 방언에 대해 특별전시 중이었다. 남북으로 나누어진 한반도에서 남에선 서울말이 표준어. 북한에선 평양말이 문화어(표준어 격)라고 한다. 우리 같은 좁은 국토에서 함경, 평안, 경기, 충청, 전라, 경상에 더하여 제주까지 사투리가 있는 나라는 드물 것이다. 내가 초등학생인 시절에 서울 신촌 외할머니댁에서 근 1년을 산 적이 있다. 외할머니 이웃 친구분이 거의 매일 집으로 와서 외할머니와 얘기를 나누었는데 옆에서 있던 나는 이웃 할머니 말을 도저히 무슨 말인지 못알아 들었다. 이를 외할머니께 여쭈니, 그 할마시가 고향이 제주도여서 그렇다고 했다. 하지만 강원도 원주가 고향인 외할머니는 제주 할머니와 의사소통이 되는 게 어린 나로선 신기하게 여겨졌다.

   3층 전시실 실내 벽에는 [유네스코, 2010년 제주어를 '심각한 소멸 위기 언어'로 지정]이라고 적혀 있었다.

   내 옆에서 마침 2명의 젊은 외국인 여성이 관람하고 있길래 영어로 어느 나라에서 왔는가? 하니 스위스에서 왔다며 서울 모 대학에서 한국어 연수 중이라고 했다. 해서 우리말로 한국어로 대화를 할 수 있는가? 하니 표정 없이 묵묵부답. 다시 영어로 한국에 언제 왔는가? 하니 두 달 정도 되었다고 했다. 내가 젊은 시절 스위스 제네바에서 며칠 묵고 이어 기차 타고 취리히도 방문해 며칠을 묵었는데, 제네바는 프랑스어를 쓰고 취리히는 독일어를 쓰더라 하면서 두 학생은 어느 도시에서 왔는가? 물으니 수도 베른에서 왔다고 했다. 스위스는 몇 개 언어를 사용하는가? 하니 지역에 따라 불어, 독일어와 이탈리아어를 쓴다고 하길래 3개 언어 모두 할 수 있는가? 에는 한 여학생이 미소로 손을 살 들었다. 내가 영어로 '유 아 스마트', '브릴런트.'라고 화답해 주었다.

두 전시실을 관람하다 보니 2시가 훌쩍 넘어 박물관을 나서려고 계단을 내려오는데 한 행사 요원인 듯한 여성이 내게 지하 1층 강당에서 마당극 '화개장터' 공연이 있는데 표가 한 장 남아 드리겠다고 했다. 내가 묻기를 몇 시에 공연이 마쳐지는가 하니 3시 좀 넘는다고 하여 다음 행선지가 있어 고맙지마는 관람이 어렵다고 했다.

이촌역으로 가기 위해 지하 박물관 입구에서 연결되는 통행로를 걸어가는데 그곳에서도 한글날 행사 관련 전시물이 있어 잠시 시간을 내어 둘러보니 [제10회 책 속 인물에 보내는 한글 손 편지] 공모전 수상작을 전시하고 있었다.

그중 국립 한글박물관장으로부터 으뜸상을 받은 함지민 초등학생 작품을 소개하기로 한다. 이 편지글을 읽고는 어른들이 책을 가까이하는 여가 생활을 가졌으면 하는 조금의 반성이 필요하지 않을까 한다. 그리고 한강 작가는 '채식주의자'로 2024년도 노벨 문학상을 수상했다. 작가에게 축하를 보내면서 이를 계기로 다시금 국민들이 우리 문학의 발전과 세계 진출을 위해 나름 관심 가지기를 바라는 마음 또한 크다.

('책 읽어주는 아이 책비'를 읽고 쓴 편지글. '책비'란 돈을 받고 이야기책을 읽어주는 것을 직업으로 하는 여자)

이랑에게

이랑아 안녕?
　나는 미래에 살고 있는 학생이야. 지금은 여름방학 기간인데 독서 동아리 회원이신 엄마를 따라 학교 도서관에 들렀다가 사서 선생님의 권유로 너의 이야기를 읽게 되었고 이렇게 편지를 쓰게 되었어.

　만나서 반가워. 너의 이야기를 읽으면서 조선시대에 '책비'라는 직업이 있었다는 것을 알게 되었고, 지금의 내 나이밖에 되지 않았을 네가 공부도 못하고 너무 어렵게 사는 것이 마음이 쓰여 책 읽는 내내 많이 울었어. 요즘 나는 엄마의 권유로 조선왕조실록 세트를 읽고 있는데 사실 재미 없고 지루했거든. 그런데 '책비'의 일상을 보면서 마치 홍 대감댁 아들 윤이가 천자문보다 언문 소설을 더 좋아하는 모습이 꼭 나와 같다는 생각이 들었고. 윤이가 책을 좋아할 수 있게 변화시키는 너의 모습에서 오은영 박사님 모습이 떠오른 거 있지?
　오은영 박사님은 상처받고 아픈 사람들의 상황을 지켜보시고 해결책을 주시는 대단히 멋진 여성분이야. 너도 오은영 박사님처럼 멋지다는 생각이 들었어. 그리고 최근에 내가 여러 명의 친구들에게 상처를 받는 일이 있었어. 내가 받은 상처를 학교에 알려서 친구들에게 벌을 받게 하고 싶은 마음도 있었지만 네가 힘든 상황에서 윤이를 생각해 홍 대감에게 복수하지 않고 참는 모습을 보면서 나도 참길 잘했다는 생각을 하게 되었어. 너무 고마워. 이랑아,

나는 네가 상상할 수도 없을 정도로 발전한 세상에 살고 있어. 어렸을 때엔 책을 참 많이 읽는 아이였는데 요즘은 스마트폰에 빠져서 책 읽는 시간이 많이 줄었어. 게다가 요즘 유행하는 춤도 춰야지 노래도 불러야지 책 말고도 눈 돌릴 데가 얼마나 많아졌는지. 그래도 엄마 아빠는 내가 다시 책 읽는 아이로 돌아올 거라고 믿고 기다려 주셔서 항상 감사해. 책이랑 조금 멀어졌지만 내 안에 책 그릇이 들어있다고 믿어 주시는 부모님이 계시니 얼마나 든든한지 몰라.

이참에 나도 너의 시대로 가서 네가 읽어주는 책 이야기도 듣고 너와 함께 책의 소중함도 공유하고 싶어. 이랑이 네가 낭랑한 목소리로 읽어주는 책 이야기를 들으며 내 꿈을 다시 꺼내 보고 싶어. 어쩌면 내가 책을 다시 많이 읽게 되면 나와 다른 생각을 가진 학교 친구들을 조금 더 많이 이해하고 언니 같은 친구가 될 수도 있었다는 생각이 들어. 이랑이 너처럼.

이량아! 너와 함께한 책 여행 정말 즐거웠어. 수현이와 더 이상의 슬픔 없이 행복하게 살았을 거라 믿으면서 나의 행복도 약속할게. 너와 함께해서 정말 영광이었고 너를 통해 내가 다시 책 속에 길이 있음을 깨닫게 되어 기쁘다. 고마워, 이량아!

2024년을 살고 있는 너의 친구가.

오후, 빗방울이 떨어지는 가운데 동대문구에 위치한 세종대왕기념관을 향해 전철로 이동해 회기역에서 내렸다. 처음 길이라 택시를 이용하려고 10여 분 길가에 서 기다리다 빈차가 와서 타고선 행선지를 말하니, 기사께서 건너편 길에서 타야 빨리 간다고 했다. 기왕 탔으니 또 비도 내리고 하니 가다가 우회전해서 가자고 했다. 하지만 우회전을 타기 위해 택시는 밑도 끝도 없이 달리다가 외대역 앞에서 돌아 목적지에 도착했다. 기사는 기본요금 거리인데 요금을 배로 내신다고 해서 그런 날도 있지요로 대신 했다. 기념관 건물 입구가 도로에서 뒤돌아 위치하여 돌아서 올라 들어가니 박물관 앞 마당에서 청사초롱을 주욱 걸어두고서 전통 혼례가 치루어지고 있었다. 한복 차림을 한 외국인들이 더러 보여서 요즈음 자주 접하는 국제결혼이 이루어지는 것으로 보였다.

세종대왕기념관은 1970년에 완공되었고 이후 3년간 전시할 유물을 수집하여 1973년 10월 9일 정식 개관을 하였다. 그리고 현 정부는 2025년부터 5월 15일을 '세종대왕 나신 날'로 국가기념일로 정했다는 기사를 접하곤 충분히 기념할 만한 날로 생각한다.

　기념관 안으로 들어가니 안내 데스크엔 아무도 없고 전시장 출입문도 잠겨 있었다. 돌아갈까하다가 인천에서 여기까지 와선 다음에 또 온다는 게 쉽지 않을 거 같았다.　안내문에 적힌 전화번호로 통화를 시도하니 한 남자분이 받았다. 2층에서 근무하는 세종대왕기념사업회 근무자였는데 일요일 휴관, 특히 오늘같이 전통혼례 장소 대여로 열지 않는다고 했다. 나는 얼마 전 검색을 통해 기념관 휴무일이 주중 월요일로 본 것 같다고 하니 사무원이 과거 안내문을 본 것이라고 했다. 이어 인천에서 휴일에 시간을 내어 왔다고 했더니 기다리라고 하며 내려와선 인사 나누고 얘기를 하다 보니 경상도 분이고 내 명함을 건네니 진주 강씨냐? 하여 그렇다고 하니 어머니가 진주 강씨라면서 이게 접점이 되어 전시실 관람토록 협조하겠다고 문을 열어 주었다. 감사하게도 20여 분 둘러보는 기회를 가지 게 되었다.

　[제1전시실]에는 세종대왕의 일내기 모습을 담은 대형 그림으로 전시되어 있었는데 대왕의 어진(붉은 곤룡포 입고 의자에 앉은 전체 모습), 왕자 시절 독서도와 문무백관을 모아 놓고 왕궁 마당에서 거행된 훈민정음 반포도 등을 보았다.
　[제2전시실]은 한글실로 훈민정음, 용비어천가, 석보상절 등 세종 시절 계획되었거나 간행된 서적을 전시하고 있었다.

[제3전시실]에는 과학실로서 학창 시절 교과서에서 보았던 측우기, 혼천의, 앙부일구 등이 원 제작본과 가까운 모조품으로 제작하여 전시하고 있었다.

   [제4전시실]에는 특별전시로 한 사람이 평생을 수집해 두었다가 기념관에 기증하였다는 한글, 영문 등 각국의 타자기를 전시하고 있는데 벽면을 따라 돌려 대충이나마 세어보니 200대 가까웠다. 공병우 타자기를 보았는데 내가 고등학교를 상업계를 다녀서 그 시절 타자실에서 타자 수업을 듣고, 기기를 통해 실기 훈련을 받았던 기억이 떠올랐다.

   관람을 다 마치고 사무실로 전화를 하니 근무자께서 내려와선 내게 기념사업회에서 발간한 책을 한 권 선물로 주었다. 휴일에 귀찮게 하고 시간을 빼앗았는데 책 선물까지 받다니 너무 감사했다. 내가 수필을 써서 책을 내년 봄 즈음 발간하려는 계획이니. 책이 나오면 한 권 보내드리겠다면서 근무자분 성함을 적어 왔다.

   야외전시장에는 보물 제1805호 세종대왕신도비(세종대왕 일대기와 왕후·빈 소생들의 약력을 적은 비석), 보물 제838호 수표(하천의 수위 변화를 살펴 강우량을 측정하는 과학기구)를 볼 수 있었다.

   기념관에서 증정받은 '세종의 번뇌' 책은 400페이지에 이르는데 세종실록의 한글본을 시민들이 쉽게 볼 수 있도록 편집하여 특히 한글 창제 부분을 중하게 다루었다.

　세종께서 한글을 창제한 의도 중 하나는 백성을 향한 애민 정신 그것이었다. 또 '지혜로운 사람은 아침나절이 되기 전에 이해되고, 어리석은 사람도 열흘 만에 배울 수 있게 되도록 한다.'는 이 엄청난 일에 몰두하다가 눈이 안 좋아져 악화 된 안질로 계속 더 무리할 수 없어, 치료를 위해 그해 봄 온천행을 하게 되었다. 다행히도 휴식을 취한 덕분인지 안질이 어느 정도 나은 것 같아서 이에 온수현을 온양군으로 승격시켜 주었다는 일화도 읽었다.

　세계 유일의 문자 창제 기념일이자 공휴일인 한글날, 늦잠을 자고 일어나 아점을 먹고 집을 나서 세계문자박물관으로 향했다. 지난 여름에서야 문자박물관이 우리나라에 있다는 걸 처음 알았다. 그것도 내가 사는 인천에. 8월인가 서울역사 벽면 광고판에 문자박물관 홍보를 보고 처음 알게 되었다.

　송도 센트럴파크역도 인천 살며 처음 내려보게 되고, 공원을 가로질러 박물관을 향해 설으며 일광욕도 겸했다. 2023년 6월에 개관하여서인지 들어서니 실내 전시 꾸밈이나 시설들이 현대적 느낌을 주었다.
　이곳 상설 전시장은 특이하게도 지하 1층에 있는데 둥글게 돌며 내려가는 계단에서 볼 수 있도록 각종 전축 스피커들을 10여 미터 높이로 둥근 탑 모양의 쌓아서 전시하고 있었다. 문자 이전에는 인류가 소리로 의사 전달을 했다는 상징이 아닌가 여겨졌다. 학창 시절 역사 시간에 인류가 문자를 쓰이기 이전을 선사시대 이후를 역사시대라고 배웠던 게 떠올랐다.

전시실 입구 벽면에 '문자와 문명의 위대한 여정'이라고 쓰인 게 눈에 들어왔다. 들어서니 조명을 어둡게 하여 큰 벽면 전체에 라스코 동굴벽화(후기 구석기 벽화로 소, 말 등 동물을 사냥하는 그림)가 관람객이 볼 수 있도록 투영되고 있었다. 고대 인류는 몸짓, 표정, 짧은소리 정도를 하다가 차츰 말이 늘어나고 마침내 기호나 글자를 만들어 전달한 것으로 안다.

쐐기문자(쐐기란 물건과 물건이 고정 또는 벌어지지 않도록 고정을 시키는 도구. 쐐기를 박다 의미를 연상하면)는 인류 최초의 문자라 한다. 기원전 3,500년 전 메소포타미아 문명에서 발명되었다. 이집트 문자는 나일강의 선물이라고 한다. 세계사 시간에 배웠던 로제타석이 전시되어 있었다. 세 가지 문자로 새긴 기원전 196년 프톨레미마이오스 5세의 왕실 포고문으로서 현재 영국 박물관 소장으로 이곳에 있는 것은 복제품이라고 한다.

이어진 전시는 '마야 문자, 사라진 문자와 문명', '라틴문자, 바다를 건너 세계로', '아람문자, 사막을 건너 초원으로'(아람문자는 고대 근동 지역에서 공용문자로 사용), '인도.동남아 문자, 다양성 공존', '한자, 문자가 간직한 오랜 역사'를 관람하고선 '한글, 창제 원리를 밝힌 문자', '훈맹정음, 손으로 읽는 글' 전시실을 들러 보았다. '세상을 바꾼 기술 인쇄술'에는 초기의 인쇄기기와 그로 인해 탄생한 책들이 있었다. '공유하는 믿음과 지식, 번역'을 끝으로 관람을 마감하게 되었다. 동서의 지식과 정보, 문화 교류는 번역을 통해서 이루어지는데 이를 소홀히 해서는 안 되겠다는 생각이다. 하지만 지금은 인공지능의 발달로 이것을 통해 번역이 이루어지기 시작하니 사람 냄새나던 책이 더 그리워지게 될 거라고 본다.

태국 문자나 아라비아문자를 보면 저걸 어떻게 읽고 또 쓸 수가 있는가? 나로서는 의아하기 그지없다. 이것만으로도 대한민국에 태어난 게 행운이라고 여기고 있다. 그리고 일제 제생원 맹아부 교사 박두성이 한글점자의 중요성과 필요성을 절실히 느껴 각고의 노력 끝에 1926년 63자의 배우기 쉬운 '훈맹정음'을 만들었다고 알게 되어 오는 이곳에 온 의미를 일깨워 주었다.

1층 기획전시실로 올라오니 <올랭피아 오디세이 - 문자와 여성, 총체적 여성의 총체적 예술의 서리에 서다> 특별전이었다. 입구에 들어서니 벽면에 '어떤 단어도 여성을 완전히 설명할 수 없습니다.'가 눈에 들어왔다. 또 우리가 학교 미술 시간에서나 사회에서 문화생활 하며 눈에 익은 대형 여성 나신 사진 몇 점을 볼 수가 있었다. 이어 여성운동을 선도한 인물 소개와 행동하는 지식인들로 한나 아렌트, 시몬느 보봐르와 마더 테레사 외 몇 여성의 사진과

그들의 저서가 전시되어 있었다. 벽면에 쓰인
"내가 쓴 최고의 명작은 바로 내 인생이다." -시몬느 보봐르- 문구에 동의를 표하지 않을 수 없었다.

여기서 나와 2층 야외전시장으로 가니 오늘은 전시된 것들이 없었다. 내려와서 센트럴파크를 가로질러 전철 역으로 가는데 많은 아이들이 엄마와 함께 공원 잔디 위에서 한글날 행사를 만끽하고 있었다. 이곳에도 근 20개의 부스에서 책 소개와 행사 요원들의 안내로 어린이를 위한 각종 한글 체험활동을 하고 있었다.

SNS를 통해 본 것 중에 재미나는 글이 있어 옮겨보았다.
집, 똥, 밥 같은 생활 밀착어나 눈, 코, 귀, 배, 발 같은 말은 단음절로서 고대(고조선)에서부터 쓰여 지금까지 내려온 독특한 순우리말이라고 한다.

또 전 세계 20개국에서 온 100명의 외국인 친구들에게 한국어에서 가장 웃기다고 생각하는 표현이 무언가? 하고 물었더니요.
눈이 높다 - 외국인 친구들이 처음 들었을 때의 반응이 정말 재밌었어요. 눈이 높아서 천장을 볼 수 있나요? 하고 물어보더라고요.
머리가 나쁘다 - 한 미국인 친구는 이 표현을 듣고 한국에서는 두통이 있으면 이렇게 말하나요라고 물었대요. 신체 부위가 아닌

지능과 연결 짓는 것이 신선하다고 하더라고요.

밥 먹었어요 - 이 표현은 많은 외국인들을 혼란스럽게 만들어요. 한 프랑스인 친구는 처음에는 한국 사람들이 내 식사에 대해 너무 관심이 많다고 생각했어요.

입이 무겁다 - 중국인 친구는 이 표현을 처음 들었을 때 입을 열기 힘든 병에 걸린 줄 알았대요 한국어의 은유적 표현에 감탄했다고 해요.

손이 크다 - 캐나다인 친구는 처음에 이 말을 듣고 장갑 살 때 큰 사이즈를 사야 하는 줄 알았대요.

똑똑하다 - 일본인 친구는 이 표현이 제일 재밌다고 해요. 문을 두드리는 소리가 왜 똑똑함을 의미하나요? 하고 물어보더라고요.

시원하다 - 러시아인 친구는 이 표현의 다양한 쓰임새에 놀랐다고 해요.

죽을 맛이다 - 이탈리아인 친구는 이 표현을 듣고 큰 충격을 받았대요. 맛있는 음식을 죽음과 연관 짓다니 한국 사람들의 유머 감각이 정말 독특해요라고 말하더군요.

1997년 유네스코는 훈민정음을 세계기록유산으로 등재하고, 인류 문화사에 있어 가장 독창적이며 과학적인 문자라고 한글을 평가했다. 이어 2020년엔 유네스코는 한글은 인류 역사상 가장 성공적인 문해력 향상 도구라고 평가했다.

하버드대학교 언어학과 스티븐 핑커 교수는 자신의 SNS에 한글은 인류가 만든 가장 과학적인 문자 체계라고 했다. 2019년 실리콘밸리에서 열린 글로벌 언어기술 컨퍼런스에서 한 구글 엔지니어가 발표하길, 한글은 21세기 디지털 시대에 가장 적합한 문자 체계이다. 그 효율성과 논리성은 정보처리 능력을 혁명적으로 향상시킬 수 있다고 했다. 2020년 영국 케임브리지대학의 한 연구에 따르면 영어 모국어 사용자가 한글을 익히는 데 필요한 시간은 중국어의 10분의 1, 일본어의 5분의 1에 불과하다고 했다.

몇 년 전 세계 타자대회에서 한국인 참가자가 분당 808타를 기록하며 우승을 차지. 이는 영어 타자의 최고 기록인 분당 216타를 크게 앞서는 수치다.

정보 압축률에서도 한글은 뛰어나다. X(트위터)의 140자 제한에서 한글은 영어보다 2배 이상의 정보를 담을 수 있다. 실제로 유엔에서는 공식 문서 번역 시 한글 버전이 가장 적은 페이지 수를 차지해 주목받고 있다. 이 내용을 접하고 내가 쓴 한글 문장 열 줄을 구글 번역기에서 영어로 번역하니 열여섯 줄로 늘어났다. 즉, 250페이지 한글 소설을 영문으로 번역해 같은 크기 활자와 책으로 제작하려면 근 400페이지에 이른다는데 이 얼마나 효율적 글인가.

AI 시대를 선도할 최적화된 글이고, 인공지능과 자연어 처리 분야에서 한글의 장점은 더욱 두드러진다. 2021년 MIT 인공지능연구소의 발표에 따르면 한글은 문법 구조의 명확성 덕분에 기계 번역의 정확도가 다른 언어에 비해 15% 이상 높았다고 했다.

이제는 전 세계 한글 학습자는 2천만 명을 넘어선 시대이며, 이는 5년 전에 비해 3배 증가한 수치다. 세종대왕의 창제 정신은 580년이 지난 지금도 전 세계인을 매료시키고 있다. 한글은 이제 의사소통을 넘어 문화와 과학의 상징으로 자리 잡았다. 우리는 한글의 가치를 발전시키고, 세계와 공유할 책임이 있다. 한글의 아름다움과 과학성을 새롭게 바라보며, 이 자랑스러운 유산을 지켜나갔으면 한다.

여순항쟁사건

10월 19일은 여순사건이 발발한 날이다.

내가 젊었던 시절엔 이 사건을 여순반란사건으로 불렸으며, 이승만 시대와 박정희와 그 후 군부 시절에는 이 사건에 대해 언급하는 걸 꺼렸던 사회 분위기였다. 내가 여수는 근 30년 전 일 때문에 동료와 이틀간 체류 후 부산으로 가는 도중 그때까지 못 가보았던 순천 시내로 들어가 점심 식사를 했었던 기억 외는 그 후에는 찾아본 적이 없는 두 도시이다.

우선 여순사건은 제주 4.3사건과 연계되어 있음을 알아야 한다.

1948년 미군정에 의해 불법화된 남로당과 민주주의민족전선은 남한 단독 총선거 일정이 발표되자 이를 반대하며 전국적인 대규모 파업을 일으켰다. 이것이 2.7 사건이다. 이 파업 중 일부가 과격화되어 경찰과 물리적 충돌을 일으켰다. 이 사건은 제주 4·3 사건과 여순 사건의 전초전이 되었던 사건이다. 그로부터 한 달 뒤 1948년 4월 3일, 새벽 2시에 350명의 무장대가 제주도에 있는 12개 경찰서를 기습 공격하면서 제주 4.3 사건이 본격적으로 시작되었다. 이로부터 6년 6개월 가까이 제주항쟁의 도가니로 들어가게 되었다.

정부는 이 사태를 진압하기 위해 추가 병력이 필요하다고 판단했고, 중앙 정부는 북한에서 내려온 청년들로 구성된 서북청년단을 제주도로 파견했다. 이들은 제주 지역에서 폭력적인 진압 작전을 펼쳤다. 더불어 여수에 주둔하고 있던 14연대에게 제주도로 출동 명령을 내렸다. 하지만, 14연대 일부 군인들은 제주 출동을 거부하며 동족상잔을 반대하는 운동을 벌였다. 그들은 "동족상잔 결사반대"와 "미군 즉시 철퇴"를 내세우며 제주 토벌을 거부하는 병사위원회를 조직해 투쟁을 시작했다. 이러한 반발은 여순 사건으로 이어졌고, 이후 14연대는 지리산으로 이동해 본격적인 항쟁 세력으로 변모하게 되었다.

제주 4.3 사건과 여순사건은 단순한 군사 반란이 아닌, 동족상잔을 반대하는 의식적인 저항 운동으로 발전했다. 이 사건들은 대한민국 현대사에서 중요한 전환점을 이루며, 그 상흔은 아직도 깊게 남아 있다.

당시 14연대 병사위원회가 시민들에게 뿌린 삐라의 내용은 다음과 같다.

애국인민에게 호소함

우리들은 조선 인민의 아들, 노동자, 농민의 아들이다. 우리는 우리들의 사명이 국토를 방위하고 인민의 권리와 복리를 위해서 생명을 바쳐야 한다는 것을 잘 안다. 우리는 제주도 애국 인민을 무차별 학살하기 위하여 우리들을 출동시키려는 작전에 조선 사람의 아들로서 조선동포를 학살하는 것을 거부하고 조선 인민의 복지를 위하여 총궐기하였다.

1. 동족상잔 결사반대   2. 미군 즉시 철퇴

제주토벌출동거부병사위원회

여순사건은 1948년 10월 전라남도 여수와 순천에서 발생한 군인들의 반란과 이를 진압하는 과정에서 벌어진 대규모 민간인 학살을 말한다. 이 사건은 제주 4.3 사건을 진압하기 위한 군대의 파병 명령을 거부한 제14연대 소속 군인들의 반란에서 비롯되었으며, 이후 진압작전 중 수많은 민간인이 희생당하면서 한국 현대사의 큰 비극 중 하나로 남게 되었다.

당시의 정치적, 사회적 혼란 속에서 발생한 이 사건은 오랜 시간

금기시되었으며, 진상 규명과 책임자 처벌이 제대로 이루어지지 않았다. 그로 인해 여순사건의 피해자들과 그 후손들은 오랫동안 억울함 속에서 살아가야 했다. 오늘날 그들의 목소리가 세상에 조금씩 알려지고는 있으나, 여전히 사건의 상처는 깊이 남아 있다.

여순사건의 발단은 제주 4.3 사건으로 거슬러 올라간다. 1948년 대한민국 정부가 수립되자 제주도에서는 남한 단독 정부 수립에 반대하는 주민들이 봉기하였고, 이를 진압하기 위한 군사 작전이 진행되었다. 이 과정에서 14연대는 제주로 파병되어 진압 작전에 동원될 예정이었으나, 연대 내 일부 군인들이 제주도민을 대상으로 한 진압 명령에 반발하면서 명령을 거부하고 반란을 일으킨 것이다. 이들은 여수와 순천 지역의 주요 시설을 장악하고, 자신들의 이념을 실현하려 했다. 반란군은 인민위원회를 조직하여 지역 행정권을 장악하였고, 이 과정에서 민간인들 역시 반란군을 지지하거나 동조하는 모습을 보였다.

반란군은 만 하루도 안 되어 여수와 순천을 점령했고 3개 부대로 재편하여 순천 서쪽에는 벌교, 북쪽으로 학구, 동쪽으로 공양으로 나섰다. 3일째는 벌교를 향해, 4일째는 전남 동부의 5개 군을 장악하였다.

이 과정에서 반군은 지역 주민들에게 자신들의 이념을 전파하며 새로운 사회 질서를 세우려 했다. 일제 강점기 동안 억압받았던 주민들은 반란군을 새로운 해방 세력으로 여기며 적극적인 지지를 보내게 되었다. 하지만 반란은 오래가지 못했다.

   이승만 정부는 이 사태를 공산주의자들의 반란으로 규정하고, 즉각적으로 대규모 군 병력을 동원해 반란을 진압하기 시작했다.

   당시 정부는 여순사건을 단순한 군 반란으로 보지 않고, 공산주의 세력의 반란으로 간주하여 강경한 진압 방침을 세웠다. 사건 발발 이틀 뒤 여수·순천에 대한민국 최초 계엄령이 선포되었다. 계엄령 아래 군법 재판을 맡은 군법무관이 여수로 내려가는데

   이승만은 "자네가 한 달 만에 그 빨갱이들 전부 다 재판해서 토살 하고 올라오라, 그러면 계엄령을 해제하겠다"고 지시했다. 이같이 1948년 10월 21일 최초 계엄령은 법이 제정되기도 전에 선포되었다. 계엄령 제정은 1949년 11월 24일이다.

   이후 군 내부에서도 공산주의자 색출이 2개월 동안 진행되어 숙청 군인들 재판에 사형 410명, 무기징역 563명이었다. 오전 재판에 오후 사형이었다.

   박정희는 당시 소령으로 군 내부 남로당 총책을 맡고 있었다. 숙군 수사 중에 전향하여 군 내부 남로당원 명단을 제공했다. 사형선고에서 무기징역으로 감형되었다. 당시 김창룡, 백선엽 장군, 제임스 하우스만 미 군사고문이 박 소령 구명 운동을 했다.

이로 인해 진압 작전은 무자비하게 진행되었고, 군경은 반란군 뿐만 아니라 반군을 지지하거나 협력한 혐의를 받는 민간인들까지도 대거 체포하고 처형했다.

특히 이 과정에서 많은 무고한 민간인들이 희생되었다. 여수와 순천을 비롯한 전남 동부 지역의 주민들은 반란에 가담하거나 협조했다는 혐의만으로 군경에 의해 처형당했다. 이들은 반란군에 협력하지 않았음에도 불구하고 단지 의심만으로 처형되거나, 심지어 가족 중 누군가가 반란에 연루되었다는 이유로 집단 학살의 대상이 되었다. 여순사건이 단순한 군 반란이 아닌, 민간인 학살로까지 이어진 이유는 당시 정부의 강경 진압 정책과 더불어, 사건을 공산주의의 반란으로 몰아가는 정치적 의도가 결합되었기 때문이다.

당시 부역자 색출의 심사 기준은 총을 소유한 자, 손바닥에 총을 쥔 흔적이 있는 자, 머리를 짧게 자른 자, 미군용 팬티를 입은 자, 반란 때 여수를 장악한 인민위원회가 나눠준 흰 고무신을 신고 있는 자를 색출했다.

이러한 학살의 여러 사례 중 하나는 순천의 보성포 사건이다. 당시 순천 지역에서는 군경이 반란군을 소탕하는 과정에서 많은 민간인이 붙잡혀 보성포로 끌려갔다. 이들 중에는 반란군과 전혀 관련이 없는 주민들도 다수 포함되어 있었으나, 이들은 부역자로 낙인찍혀 현장에서 즉결 처형당했다. 이러한 학살은 순천뿐만 아니라 여수, 광양, 구례 등 여러 지역에서 동시다발적으로 이루어졌다. 당시 학살된 민간인의 정확한 수는 여전히 밝혀지지 않았지만, 많은 역사 학자들은 수천 명에 이르는 민간인이 희생되었을 것으로 추정하고 있다.

또 다른 사례로는 순천 낙안면 신전마을에서 일어난 비극적인 사건을 다룬다. 신전마을은 평범한 농촌이었으나 어느 날 빨치산에 의해 한 아이가 마을로 데려와졌다. 총상을 입은 아이는 마을 사람들의 도움으로 회복하게 되었지만, 회복 후 다른 아이들에게 괴롭힘을 당하다가 "우리 무리들을 데려와 너희를 가만두지 않겠다"는 말을 하게 된다. 이 말을 들은 면장이 이를 토벌대에 신고하였고, 토벌대는 조사를 위해 마을에 찾아와 주민들을 모아 놓고 아이에게 그들을 지목하게 했다. 결국 마을 주민 22명이 총살당했고, 시신은 불태워졌다. 이 사건을 목격한 일부 토벌대 군인마저도 이 상황이 너무 잔혹하다고 항의했으나 토벌대는 마을 전체를 불태워 버렸다.

이것을 '손가락 총 사건'으로 불리며 이념이고 공산당이 무언지도 모르는 양민들이 손가락질에 의해 억울한 죽음으로 생을 끝내야 했다.

이 사건의 여파로 그래도 살아남은 마을 사람들은 한날한시에 떼 제사를 지내게 되고 연좌제에 걸려 빨갱이로 낙인찍혀 평생 고통 속에서 살아가야 했다. 그들은 빨갱이 때문에 죽은 것이 아니라, 죽었기 때문에 빨갱이로 불리며 억울한 삶을 이어 나가야 했다.

연좌제를 말하니 나보다 몇 살 위인 사촌 형 생각이 난다, 60년대 말 형이 해군사관학교 시험에 합격은 하였으나 마지막 과정인 신원조회를 넘지 못했다고 했다. 본적지에 해군 측에서 보냈던 조사자가 주위 사람에게 탐문도 하였다고 한다. 작은아버지가 6.25로 인해 좌익으로 분류되어 있어서 당시 우리 집안과 척을 지내고 살던 이웃인 타 집성촌 사람들이 조사자에게 의도적으로 잘못 아니면 부풀려 말했을 우려도 했다고. 큰아버지가 동생 아들인 조카 때문에 온 해군 측 조사자에게 당장 없이 살다 보니 하다못해 지금의 기십만 원 정도 차비라도 못 쥐어준 걸로 인해 최종 합격 통지서를 못 받았을 거라며 생전에 아쉬워하시며 여러 차례 말했던 기억이 난다.

박상준 씨는 여순사건 당시 11살이었으며, 그의 가족도 이 사건의 희생자였다. 그의 아버지는 반군에 협조했다는 혐의로 붙잡혀 처형당했으며, 어린 박상준 씨는 이 충격적인 장면을 직접 목격했다. 그는 "아버지가 아무 잘못도 하지 않았는데도 군인들이 그를 끌고 가 처형했다."며, 그날의 기억을 절대 잊을 수 없다고 말한다. 박상준 씨의 가족은 이후로도 '반란군 협조자'라는 낙인 아래 오랫동안 사회적으로 고립된 채 살아야 했다. 그들은 아버지가 억울하게 희생되었음에도 불구하고 이를 항의할 수도, 자신의 억울함을 호소할 방법도 없었으니 말이다. 이러한 경험은 박상준 씨와 그의 가족에게 평생 씻을 수 없는 상처를 남겼다.

이승만은 여순 사태가 진압되는 걸 보고 선 그해 11월 4일 담화문으로 "모든 남녀 아동까지라도 조사해서 불순분자는 제거하고 반역적 사상이 만연되지 못하게 하며 앞으로 어떠한 법령이 혹 발표되더라도 전 민중이 절대복종해서 이러한 비행이 없도록 해야될 것이다."라고 발표했다. 어린이까지 처벌 대상에 포함시키는 이런 사람이 나라의 대통령인가?하는 의문이 갈 살벌한 말을 국민을 향해 던졌다. 군법 재판에 따라 처벌해야 하지만 여순사건에서는 재판 없이 즉결 처분으로 정리했다.

당시 여순사건 이후 사회 전반에 걸쳐 반공 교육이 본격화되고 국가보안법은 1949년 12월 1일 공포되었다. 지나온 70년 넘는 동안 국가보안법으로 처형되고 수사 선상에 오르고 감옥살이한 국민이 적은 수는 아니다. 이들 중 무리한 법 적용에 아에 덮어씌워서 억울하게 당한 사람들도 제법 있을 것이다. 이러한 법이 21세기 들어서고 20년 넘게 지나도록 버젓이 법전에 있다는 게 과연 대한민국이 선진국인가 돌아보아야 한다.

여순사건의 피해자와 그 후손들이 겪은 고통은 단순히 물리적인 학살로 끝난 것이 아니었다. 이들은 오랜 시간 동안 '빨갱이'라는 낙인 아래 살아야 했으며, 그로 인한 사회적 차별과 억압 속에서 생존을 위해 힘겹게 살아가야 했다. 피해자들은 자신들의 억울함을 제대로 말을 할 기회조차 없었고, 오히려 자신들이 가해자처럼 취급받는 상황에 놓였다. 연좌제는 그들의 자녀들에게까지 영향을 미쳤고, 사회적 배제와 차별 속에서 살아남기 위한 투쟁이 계속되었다. 여순사건 피해자 후손들은 부모 세대가 당한 억울한 죽음과 함께, 자신들 역시도 그 사건의 후유증 속에서 살아가야 했던 것이다.

여순사건에 대한 진상 규명은 매우 더디게 이루어졌다. 1990년대에 이르러서야 여순사건의 진상 규명과 피해자들의 명예 회복을 위한 목소리가 커지기 시작했으며, 2005년 진실·화해를 위한 과거사정리위원회의 조사에 따르면, 여순사건 당시 군경의 무차별 학살로 인해 2043명의 민간인이 희생된 것으로 확인되었다. 그러나 이는 피해자들이 직접 진실화해위원회에 피해 신청을 한 숫자일 뿐이며, 실제로는 훨씬 더 많은 민간인이 희생되었을 것으로 추정된다. 당시 피해자들은 대부분 연좌제의 대상이 되어 자신의 억울함을 호소할 수 없었고, 오히려 정부와 사회로부터 외면당해야 했다.

박상준 씨와 같은 여순사건의 후손들은 오늘날에도 여전히 그날의 상처 속에서 살아가고 있다. 그들은 자신들의 가족이 무고하게 희생되었음에도 불구하고, 사회적 차별과 배제 속에서 억울함을 안고 살아가야 했다. 그러나 최근에는 이들의 목소리가 조금씩 사회에 알려지기 시작했다. 여순사건 희생자들의 후손들은 그들의 이야기를 통해 사건의 진실을 알리고, 더 이상 억울한 희생이 반복되지 않기를 바라고 있다.

사건 속의 후손인 한 화가는 자신의 예술 활동을 통해 여순사건의 비극을 알리고, 희생된 가족들의 명예를 되찾기 위해 힘쓰고 있다. 그는 "우리가 잊고 싶은 역사일지 모르지만, 잊혀져서는 안 된다. 희생자들의 죽음은 반드시 기억되어야 하며, 그들의 억울함이 풀려야만 진정한 화해가 가능하다."고 말한다. 그의 예술 작품은 단순한 기록을 넘어서, 사회적 치유와 화해를 향한 중요한 메시지를 전달하고 있다.

여순사건의 진상 규명과 피해자들의 명예 회복을 위한 노력은 아직도 진행 중이다. 2021년 6월, 국회에서 여순사건 특별법이 통과되었고, 이에 따라 여순사건의 진상 규명과 피해자 지원을 위한 공식적인 조사가 시작되었다. 이는 사건 발생 73년 만에 이루어진 의미 있는 진전이지만, 여전히 많은 과제가 남아 있다. 여순사건의 피해자들과 그 후손들은 진상 규명뿐만 아니라, 그들이 겪은 고통과 상처에 대한 진정한 사과와 보상을 원하고 있다.

제주 4·3사건진상규명 및 희생자명예회복위원회(약칭 4·3위원회)가 확정한 희생자 수는 2024년 현재 14,822명이다. 이는 공식적으로 집계된 희생자 수치일 뿐, 진상조사보고서는 4·3 당시 인명피해를 2만 5천 명에서 3만 명으로 추정한다. 당시 제주도 인구의 10분의 1 이상이 목숨을 잃은 것이다.

여순사건에서 공식 희생자 수만 2,300명 정도.
대구 사건에서는(1946.10.1.) 미군정 문서에 따르면 경찰과 시위대 양쪽 170명 사망.
보도연맹사건에선 6.25전쟁 중 국민보도연맹이나 양심수를 4,934명 처형이 공식 숫자이나, 거의 전국 단위에서 자행되어 10만에서 20만 명 학살로 추산.
거창양민학살사건(1951.2.10.)은 다이너마이트 폭파 후 생존자들은 총살로 570명 학살.
노근리 사건은 1950년 한국전쟁 발발 직후 미군에 의해 피난 중인 양민 최소 200명 사살.
4.19혁명(1960)에서는 186명 사망.
5.18민주화운동(1980)은 민간인 154명 사망, 행방불명 70명.
세월호 참사(2014)는 304명 사망
이태원 참사(2022)는 159명 사망.
동학농민혁명(1894년)에서는 외세를 업고 왜군을 끌어들여 30만에서 40만으로 추산되는 농민과 양민을 도륙 학살.

이 모든 사건이 국민의 생명과 안위를 지켜야 할 국가, 즉 정부가 총검을 든 군과 경찰을 동원하여 심지어 외국 군인들에 의해 우리 국민이 무참히도 목숨을 잃어야 했던 이 나라 근현대사의 비극이었다. 세월호와 이태원 참사는 정부의 사전 예방, 관리 부재와 무능으로 인해 일어났는데도 제대로 책임지는 고위 공직자 없이 현재에 이르고 있다는 게 국민의 한 사람으로서 유구무언일 뿐이다.

12.3 비상계엄과 탄핵 가결

 2024년 12월 3일 심야에 비상계엄이 발령되고 민주시민들이 국회로 달려와 계엄군을맨 몸으로 방탄 저지하고 담장을 넘어 들어간 국회의원들 의사당에서 190명 만장일치에 의해 수 시간 후 해제 의결되고 그 11일 후 12월 14일 오후 5시 내란의 우두머리로 불리게 된 윤석열 대통령직 탄핵이 국회에서 가결로 결론이 났다.

 쿠데타는 평화와 안정, 안보를 구축하는 핵심 원칙인 헌법 주의를 무력하게 만든다.
 쿠데타는 헌법에 기초한 정부의 민주적 정당성을 훼손하고, 추가적인 폭력 갈등을 유발함으로써 정치 불확실성을 심화시킨다.
 2020년대 들어 아프리카 대륙에서 '과거의 유산'으로 여겨졌던 쿠데타가 다시 고개를 들고 있나. 2020~24년까지 무려 10여 개 국가에서 총 16건의 쿠데타가 발생했다.
 그런데 이런 쿠데타가 대한민국에서 일어날 줄이야?

 민주주의가 확립된 이 시대의 주요국들에서 계엄령은 일어날 수 있는 일이 아니다. 미국에선 1941년 일본의 진주만 공습으로 하와

이에 계엄령을 선포한 게 마지막이었다. 선진국 중 가장 최근의 사례는 캐나다이다. 퀘백의 분리 독립에 맞서 약 석 달간 퀘벡주에 계엄령이 있었다. 그런데 이것도 1970년이었으니 55년이나 지난 일이다.

그리고 아주 간간이 그간 계엄령이 잦았던 태국 미얀마 필리핀 사례가 나온다. 아시아에서 유일하게 제대로 된 민주국가로 평가

대한민국 계엄 역사

계엄	선포일	해제일	설명
비상계엄	1948년 10월 21일	1949년 2월 5일	여수·순천 사건
비상계엄	1948년 11월 17일	1948년 12월 31일	제주 4·3 사건
비상계엄	1950년 7월 8일	1950년 12월 6일	6.25 전쟁
경비계엄	1950년 11월 10일	1950년 12월 6일	6.25 전쟁
비상계엄	1950년 12월 7일	1951년 4월 7일	6.25 전쟁
경비계엄	1951년 3월 23일	1952년 4월 7일	6.25 전쟁
비상계엄	1951년 12월 1일	1952년 4월 7일	6.25 전쟁
비상계엄	1952년 5월 25일	1952년 7월 28일	부산 정치 파동
경비계엄	1960년 4월 19일	1960년 4월 19일	4·19 혁명
비상계엄	1960년 4월 19일	1960년 6월 7일	4·19 혁명
비상계엄	1961년 5월 16일	1962년 5월 27일	5·16 군사 정변
경비계엄	1961년 5월 27일	1962년 12월 5일	5·16 군사 정변
비상계엄	1964년 6월 3일	1964년 7월 29	6·3 항쟁
비상계엄	1972년 10월 17일	1972년 12월 13일	10월 유신
비상계엄	1979년 10월 18일	1979년 10월 27일	부마민주항쟁
비상계엄	1979년 10월 27일	1981년 1월 24일	10·26 사태
비상계엄	2024년 12월 3일	2024년 12월 4일	2024년 대한민국 비상계엄

받던 우리가 졸지에 그 수준이 된 것이다. 12.3 비상계엄으로 한국은 1948년 정부 수립 후 지금까지 17번이나 계엄령을 겪게 되었다.

윤석열 계엄은 국회의 해제 결의로 사실상 3시간 천하였고 공식적으론 약 6시간 지속되었다. 3시간이든 6시간이든 미국 파이낸셜 타임스에 의하면 이는 세계에서 가장 짧은 계엄령이다. 이게 앞으로 그가 세운 유일한 업적이 될지 모르겠다. 아울러, 1987년 민주화 이후 첫 계엄령이었고 한국에서 유일하게 쿠데타에 실패한 인물이기도 하다.

여의도 거리에서 민주시민들이 모여서 대통령 탄핵 신속 촉구 시위 중이었던 지난 14일 여의도 한 베이커리 매장은 SNS를 통해 '오늘 구운 모든 빵을 박찬욱 감독님이 전부 구매했다. 여의도 집회 오신 시민들에게 나눠준다. 진심으로 감사드린다.'고 밝혔는데. 해당 매장은 영화 '오케이 마담', '날 보러 와요' 등을 연출한 이철하 감독의 가게인 것으로 알려졌다.

"내가 있는 곳이 어디든, 내 나라에 더 나은 시대를 만들고 싶다." 프랑스에 사는 한국계 여성이 계엄군으로 1980년 광주에 투입되었던 아버지를 기억하면서 윤석열 탄핵 집회에 커피 1,000잔을 선결제한 사연이 많은 이들을 울렸다. 한국은 물론 세계 곳곳의 시민이 '뭐라도 하고 싶다.'며 선결제 릴레이에 나선 모습은 44년의 시간을 거슬러 올라 80년 5월, 주먹밥을 만들어 나눠 먹으며 군부독재에 저항했던 광주로 연결된 듯하다.

탄핵 집회에 등장한 선결제 릴레이가 '케이(K) 시위'의 새로운 문화로 부상하면서 관심이 뜨겁다. 서울 여의도는 물론 탄핵 집회가 열리는 전국 각지에서 선결제 릴레이가 쏟아졌다. 저마다의 방식으로 민주주의를 지키려는 참여 의지가 낳은 세계적으로도 찾기 힘든 정치 행동인 셈이다. 이외에도 천여 잔의 따뜻한 아메리카노를 선결제하신 분의 이야기, 어묵 트럭 네 대를 돈을 모아 보낸 분들의 이야기, 샌드위치 300개를 선결제한 분의 이야기 등 수많은 곳에서 따뜻한 후원의 손길이 끊이지 않는 모습을 보였다. 또 톡톡 튀는 아이디어로 많은 사람들이 모이는 집회에 불편함을 덜어준 사람들도 있는데. 13일 온라인 커뮤니티에서 누리꾼들은 집회 현장 인근의 편의시설 정보와 추위 대비 준비물들을 공유하는 모습을 쉽게 볼 수 있었다.

12월 4일부터 14일까지 대통령 탄핵을 위해 차가운 거리에 나서 시위를 통해 이를 이루어 낸 대한민국 민주시민들에 보내는 해외 언론을 보면.
AP 통신은 한국의 민주주의는 전혀 죽지 않았다.
계엄 이후에 많은 것들이 무너져 내릴 것 같았지만 시민들은 누구에게 국가의 주권이 있는지를 정확히 알려주는 것 같았다. 또한 이들은 국가의 모든 시설과 사유재산에 대하여서도 시위를 핑계로 파괴하거나 함부로 대하지 않는 모습을 보였다. 대한민국의 서울이 아닌 다른 곳에서 이런 일을 찾아볼 수 있을지 의문이 든다.라며 대한민국 국민들의 수준에 대해 극찬을 아끼지 않았다.

뉴욕 포스트도 비슷한 기사를 내며 대한민국의 질서정연한 시위 모습은 시민 개개인의 의식 수준이 얼마나 높은지를 몸소 보여 주고 있는 상황이다.

BBC 특파원이 본 한국의 지난 12일 동안 여의도를 통해 시청자들이 "도대체 윤 대통령은 무슨 생각이었을까?"라고 궁금해할 것이다. 이는 분명히 실패할 수밖에 없는 큰 정치적 도박이었다. 그가 계엄령을 선포한 이후로 우리가 계속 고민해 온 질문은 "그가 도대체 무슨 생각을 한 걸까?"이다. 윤 대통령의 배경을 살펴보아야 한다. 그는 정치인이 아니라 검사 출신으로 두 전직 대통령을 기소하며 두각을 나타냈고, 이후 간신히 선거에서 승리했다. 득표 차는 1%도 안 되는 0.7~0.8%에 불과했다. 처음부터 자신이 원했던 권력을 충분히 갖지 못했던 것이다. 그는 야당과의 갈등뿐만 아니라 자신의 당 내에서도 어려움을 겪으며 점점 고립되었고, 부정 선거와 관련된 음모론에 귀를 기울였던 것으로 보인다.

또한 그는 자신이 친북적인 세력에 맞서 싸우고 있다고 느꼈으며, 그러한 목소리를 없애기 위한 유일한 방법이 계엄령이라고 생각했던 것 같다. 이것이 그의 방어 논리였으나, 이러한 주장에 대한 증거는 전혀 없다. 심지어 그의 당 내부에서도 부정 선거와 친공산 세력에 관한 그의 주장에 동의하지 않는 상황이다. 이것이 그의 생각일 수 있다.

방콕 포스트는 사설에서는 "한국 사태는 태국이 계엄령이나 쿠데타 등에 대응할 메커니즘을 갖춰야 할 필요성을 새롭게 조명한다."며 쿠데타 방지법 제정 노력이 이어져야 한다고 주장했다. 한편 태국에서는 1932년 입헌군주제 수립 이래 쿠데타가 19차례 발생해 12번 성공했다. 2000년대 들어서도 두 차례나 발생했다. 가장 최근에는 2014년 5월 쁘라윳 짠오차 당시 육군참모총장이 쿠데타로 정권을 잡아 총리직에 올랐다.

중국 관영 신화통신은 중문과 영문으로 탄핵소추안 가결 소식을 긴급뉴스로 내보냈으며 중국 최대 포털 바이두에서는 윤석열 탄핵안 통과, 대통령 직무 즉시 정지가 검색어 1위에 오르기도 했다.
일본 주요 방송에서는 한국은 가장 위험한 국가라며 미얀마 라오스 캄보디아와 어깨를 나란히 한다고 했다.

탄핵 가결 후 K 팝 떼창 소름 돋아 해외 반응 대폭발
영국 더타임즈는 한국에서 14일 열린 탄핵 가결의 결정적인 순간을 담아 긴급 보도했다. 탄핵 가결이 선포되자 기뻐 뛰며 환호하는 200만 한국 시민들이 보였는데 심지어 부둥켜안고 눈물을 흘리는 모습까지 보였다.
이 장면을 본 전 세계 네티즌들은 이런 반응을 보였다. "대한민국 시민 여러분 오늘 민주주의는 한국에서 승리를 거뒀습니다. 모든 독재자들에게 주는 교훈입니다." "여러분은 민주주의를 구했습니다. 그것은 엄청난 가치가 있습니다. 네덜란드에서 여러분 모두에게 사랑을 보냅니다." "저는 한국인들이 정말 부럽습니다. 그들은 입법자들의 의견을 듣고 이를 기록으로 남길 수 있는 능력이 있습니다. 제 나라는 너무 뒤떨어져 있어요. 이것이 정부에 항의하는 방법입니다. 주변의 차나 상점 창문을 깨는 것이 아닙니다. 성숙한 시민권은 더 성숙한 민주주의를 가져올 것입니다."

영국 일간지 가디언은 한국 대통령은 어떻게 자신의 몰락을 결정지었나?며 여당인 국민의힘이 품위 있는 퇴직 신의 기회를 제공했지만, 윤 대통령이 이를 마다하고 비상계엄 도박의 판돈을 키우는 쪽을 선택해 몰락을 자초했다.

그리고 탄핵 가결 순간에 눈물을 쏟은 어르신의 모습이 영상에 포착되면서 주말 내내 SNS에서 화제가 되었는데 국회 탄핵 가결 발표일 저녁 여의도 집회 현장에서 1947년생 이승방 씨는 영어로 "The dictator president disappeared. I am so happy" 하면서 정말 멋지게 영어로 인터뷰한 것이 BBC와 국내 방송을 탔는데 나 역시 당일여의도 거리에 있어서인지 귀가해 뉴스를 통해 접하고선 감사와 칭찬을 드린다.

이런 작지만 적극적인 행위들이 3·1 독립운동부터 4·19, 5·18, 6·10, '박근혜 탄핵'촛불, 그리고 윤석영 탄핵까지 이어져 왔다고 본다. 이를 두고 어느 외신 기자는 "한국인들은 나라가 어두우면

집에서 가장 밝은 것을 들고 들고 나온다"고 평했다.

미 월스트리트저널(WSJ)의 한국지사장은 "비유를 하나 하고 싶습니다. 나는 한국 보수와 진보 양측 사람들과 모두 이야기를 나눠봤는데, 사람들은 이 모든 이야기가 K-드라마나 영화 같다고들 합니다."

탄핵 결과를 지켜본 국내외 네티즌들은
한국에서 3년째 거주하고 있다는 이집트인은 비상계엄 이후 이집트의 가족과 친구들에게서 안보 연락이 많이 오고 있지만 한국은 여전히 안전한 국가라고 말했다며 시위 현장을 직접 보고 정부의 목소리를 내는 열정적인 한국 국민이 인상적이다. 절대 잊을 수 없는 시간이 될 것이라고 말했다.

글로벌 커뮤니티 레딧(Reddit)에서는 시위가 끝난 후 광장의 모습이라며 한 장의 사진이 올라왔다. 쓰레기가 한데 모아져 있는 장면이었다. 탄핵안이 가결되고 집회가 종료된 오후 6시쯤에 시민들은 피켓과 음식물 쓰레기 일회용 컵 등을 모두 수거하며 거리를 정돈했다. 200만 인파가 왔다고는 상상할 수 없을 만큼 깨끗했다. 이 사진을 본 해외 네티즌들은 놀라며 이런 반응을 보였다. "시위대가 나가려고 움직이는 동안 나는 여러 사람이 바닥에 떨어진 쓰레기를 주워 모으고 치우는 것을 보았습니다. 사람들이 서로 돕는 것을 보는 것은 정말 좋았습니다. 이것은 사람들의 마음을 보여줍니다."

'세계적 정치철학 석학'이자 당대 가장 영향력 있는 정치철학자로 꼽히는 마이클 샌델 하버드대 교수가 최근 미국에서 진행된 매일경제와 인터뷰에서 국회에서 윤석열 대통령에 대한 탄핵소추안이 가결된 것에 대해 "한국 민주주의를 지키기 위한 중요한 첫걸음"이라면서도 "탄핵안 가결만으로 민주주의의 위기가 해결되지는 않는다."고 진단했다. 한국 민주주의의 위기를 극복하는 최종 단계는 한국 정치의 극단적인 분열을 이겨내는 데 있다는 의미다.

샌델 교수는 국회가 만장일치로 계엄령 철회를 의결한 것 자체가 한국의 민주주의가 건강하다는 '신호'라고 표현하며 "한국 시민이 평화적인 시위에 참여했다는 것은 한국의 민주주의가 건강하다는 또 다른 신호"라고 말했다. 그러면서 샌델 교수는 "매우 좋은 신호들이 있지만 아직 불확실한 순간에 처해 있다. 이 위기를 어떻게 해결하느냐에 따라 한국 민주주의의 미래가 결정될 것"이라고 내다봤다.

또 교수는 한국 시민이 적극적으로 정치에 참여하고 있다는 점에도 주목했다. 그는 "시민은 선거일이나 투표할 때만 목소리를 내야 하는 것은 아니다."며 "중대한 정치적 결정이 있을 때마다 사회운동이나 시위를 통해 시민의 목소리가 들려야 한다. 다만 폭력 없이, 예의와 상호 존중을 바탕으로 이뤄질 수 있도록 해야한다."고 했다,

댄 슬레이터, 미국 미시간대학교 정치학과 교수는 "그들은 역사의 뒤안길로 사라지지 않았습니다. 한국은 민주화 이전에 권력을 쥔 사람들이 민주화 이후에도 주요 인사로 남아 있습니다. 민주주의 시스템은 본질적으로 취약하다."며 결국 중요한 것은 민주주의를 지키려는 시민들의 의지라고 강조했다.

또 "한국은 저 같은 사람들이 부러울 정도로 민주주의를 확립하고, 민주주의의 강력함을 보여주었습니다. 현재 한국의 민주주의 시스템은 잘 작동하고 있으며, 이젠 세계 민주주의의 '등대' 역할을 하고 있다."고 평가했다.

"한국과 같은 나라들은 민주주의의 '등대'가 되어, 비민주적 지도자들이 어떻게 배제되는지를 보여줍니다. 그런 지도자들이 더 이상 민주주의에 위협이 되지 않는다."는 교훈도 전해준다.

미 코네티커주 워슬리언 대학의 조앤조 동아시아 교수는 이번 한국에서 펼쳐진 탄핵 시위를 보고 이렇게 말했다. "젊은 세대의 민주주의에 대한 이러한 참여 원산은 한국 민주주의 미래에 대한 희망적인 신호입니다."

〈천주교 사제 1,466인 시국 선언문〉

어째서 사람이 이 모양인가! - "사람이 죄를 지었기 때문에 하느

님이 주셨던 본래의 영광스러운 모습을 잃어버렸습니다." (로마 3,23)

1. 숨겨진 것도 감춰진 것도 다 드러나기 마련이라더니 어둔 데서 꾸민 천만 가지 일들이 속속 밝혀지고 있습니다. 이에 분노는 걷잡을 수 없이 커졌고, 무섭게 소용돌이치는 민심의 아우성을 차마 외면할 수 없어 천주교 사제들도 시국선언의 대열에 동참하고자 합니다.

2. 조금 더, 조금만 더 두고 보자며 신중에 신중을 기하던 이들조차 대통령에 대한 신뢰와 기대를 거두고 있습니다. 사사로운 감정에서 "싫다"고 하는 게 아닙니다. 선공후사의 정신으로 "안 된다"고 말하는 것입니다. 나머지 임기 절반을 마저 맡겼다가는 사람도 나라도 거덜 나겠기에 "더 이상 그는 안 된다"고 결론을 낸 것입니다.

3. 사제들의 생각도 그렇습니다. 그를 지켜볼수록 "저들이 하고자 하는 것은 무엇이나 못할 일이 없겠구나."(창세 11,6) 하는 비탄에 빠지고 맙니다. 그가 어떤 일을 저지른다 해도 별로 놀라지 않을 지경이 되었습니다. 하여 묻습니다. 사람이 어째서 그 모양입니까? 그이에게만 던지는 물음이 아닙니다. "선을 바라면서도 하지 못하고, 악을 바라지 않으면서도 그것을 하고 마는"(로마 7,19) 인간의 비참한 실상을 두고 가슴 치며 하는 소리입니다. 하느님의 강

생이 되어 세상을 살려야 할 존재가 어째서 악의 화신이 되어 만인을 해치고 만물을 상하게 합니까? 금요일 아침마다 낭송하는 참회의 시편이 지금처럼 서글펐던 때는 일찍이 없었습니다. "나는 내 죄를 알고 있사오며 내 죄 항상 내 앞에 있사나이다 … 보소서 나는 죄 중에 생겨났고 내 어미가 죄 중에 나를 배었나이다."(시편 51,5.7)

4. 대통령 윤석열 씨의 경우는 그 정도가 지나칩니다. 그는 있는 것도 없다 하고, 없는 것도 있다고 우기는 '거짓의 사람'입니다. 꼭 있어야 할 것은 다 없애고, 쳐서 없애야 할 것은 유독 아끼는 '어둠의 사람'입니다. 무엇이 모두에게 좋고 무엇이 모두에게 나쁜지조차 가리지 못하고 그저 주먹만 앞세우는 '폭력의 사람'입니다. 이어야 할 것을 싹둑 끊어버리고, 하나로 모아야 할 것을 마구 흩어버리는 '분열의 사람'입니다. 자기가 무엇하는 누구인지도 모르고 국민이 맡긴 권한을 여자에게 넘겨준 사익의 허수아비요 꼭두각시다. 그러잖아도 배부른 극소수만 살찌게, 그 외는 모조리 나락에 빠뜨리는 이상한 지도자입니다. 어디서 본 적도 들은 적도 없는 파괴와 폭정, 혼돈의 권력자를 성경은 "끔찍하고 무시무시하고 아주 튼튼한 네 번째 짐승"(다니 7,7)이라고 불렀습니다. 그러는 통에 독립을 위해, 민주주의를 위해, 생존과 번영을 위해 몸과 마음과 정성을 다 바친 선열과 선배들의 희생과 수고는 물거품이 되어가고 있습니다. 아무리 애를 써도 우리의 양심과 이성은 그가 벌이는

일들을 도무지 이해할 수 없습니다.

5. 그를 진심으로 불쌍하게 여기므로 그를 위해 기도합니다. 하지만 "그 사람 마음 안에서 나오는 나쁜 것들"(마르 7,21-22)이 잠시도 쉬지 않고 대한민국을 괴롭히고 더럽히고 망치고 있으니 가만히 있을 수 없습니다. 오천년 피땀으로 이룩한 겨레의 도리와 상식, 홍익인간과 재세이화의 본분을 팽개치고 사람의 사람됨을 부정하고 있으니 한시도 견딜 수 없습니다. 힘없는 사람들을 업신여기고 사회의 기초인 친교를 파괴하면서 궁극적으로 하느님을 조롱하고 하느님 나라를 거부하고 있으니 어떤 이유로도 그를 용납할 수 없습니다. 버젓이 나도 세례 받은 천주교인이오, 드러냈지만 악한 표양만 늘어놓으니 교회로서도 무거운 매를 들지 않을 수 없습니다.

6. 그가 세운 유일한 공로가 있다면, '하나'의 힘으로도 얼마든지 '전체'를 살리거나 죽일 수 있음을 입증해 준 것입니다. 숭례문에 불을 지른 것도 정신 나간 어느 하나였습니다. 그런데 하나이기로 말하면 그이나 우리나 마찬가지요, 우리야말로 더 큰 하나가 아닙니까? 지금 대한민국이 그 하나의 방종 때문에 엉망이 됐다면 우리는 '나 하나'를 어떻게 할것인지 물어야 합니다. 나로부터 나라를 바로 세웁시다. 아울러 우리는 뽑을 권한뿐 아니라 뽑아버릴 권한도 함께 지닌 주권자이니 늦기 전에 결단합시다. 헌법 준수와 국가

보위부터 조국의 평화통일과 국민의 복리증진까지 대통령의 사명을 모조리 저버린 책임을 물어 파면을 선고합시다!

7. 오늘 우리가 드리는 말씀은 눈먼 이가 눈먼 이를 인도하면 둘 다 구덩이에 빠질 것이니 방관하지 말자는 뜻입니다. 아무도 죄의 굴레에서 자유롭지 않습니다. 그러기에 매섭게 꾸짖어 사람의 본분을 회복시켜 주는 사랑과 자비를 발휘하자는 것입니다.

2024. 11. 28.
하느님 나라와 민주주의를 위해 기도하며
천주교 사제 1466인

24년도를 마감하는 날에

지난 1년 반 동안 오피스텔 경비직 일을 연초에 그만두고 집에서 쉬면서 장트러블을 치료하기 위해 적절한 한방약과 대체요법을 함께 활용해 가며 몇 달을 지내니 어느 정도 효과가 있는듯했다.

4월부터 경비직 다시 찾아 연말까지라도 일해보고자 지역 내 직업소개소를 방문하여 두세 곳에 이력서를 넣어 두고 기다렸다. 몇 주 지나 한 직업소개서 연락이 오길 아파트 경비직 자리가 났으니 의향이 있느냐 물어와서 해보겠다고 했다.

면접 볼 아파트가 집에서 걸어가면 10분 거리여서 나름 기대를 하고 면접일에 현장에 방문하였는데 나를 포함 12명이 면접을 대기하고 있었다. 단 1명을 뽑는데.

관리소장이 내게 아파트 경비 경력을 물어와서 대형 오피스텔 경비 경력 1년 반이라고 했더니 아파트 경비하고는 업무 강도나 하는 일에 차이가 난다고 했고, 또 가급적 60대를 넘지 않는 분을 찾고 있다고도 했다. 물론 집에 오니 정중하게 문자로 다음을 기약하라고 했다.

이후 6월, 7월에도 아파트 경비직을 직업소개소로부터 안내를 받아 면접을 보러 가면 앞 전과 비슷한 사유로 채용이 되질 못 하였다. 그리고 2년 전보다 경기가 안 좋아져서인지 면접 보러 오는 초로의 지원자들이 생각보다 많은 것 같았다.

8월 초순 경 모임을 같이하는 후배가 한동안 집에서 쉬다가 구청 산하 노인일자리 지원센터 사무장으로 근무한 지가 두 달째라고 하여 우선 축하한다고 했다.

후배에게 지나가는 말로 나 같은 칠순 넘은 사람도 시간제 일자리 가능한 업종은 있는가 했더니 알아보아 주겠다고 했다. 2주 후엔가 연락이 오길 택배 분류 작업인데 아침에 3시간 정도씩 월 60시간을 넘지 않는 범위에서 일할 수 있는 자리가 하나 나왔다고 했다. 덧붙이기를 후배가 나를 걱정해서인지 힘 드는 일인데 할수 있느냐 물어왔다. 하루 8시간 작업은 무리일 수가 있지만 3시간 정도는 할 수 있다고 말해주었다.

한 주 뒤에 다시 연락이 오길 후배가 근무하는 센터로 와서 몇 가지 필요 서류 제출하라고 하여 작성해 주고 나름 점심도 대접해 주었다. 8월 말에 후배와 함께 택배 분류 현장으로 면접을 보러 갔더니 담당자가 나이가 많으신데 그렇게 쉬운 일이 아니라며 부정적인 의사를 비추었다. 나로선 하루 세 시간 정도는 충분히 할 수 있다고 자신 있게 두어 번 되풀이 했다. 그러자 내일 아침 8시에 일단 와보라고 하여 이튿날 8시에 현장에 도착하였더니 반장이라는 자가 내게 업무 안내와 지시를 해왔다. 나를 포함 총 10명의 노인들이 분류작업을 하는데 주로 60대. 70을 넘긴 사람은 나를 비롯해 반장 그리고 70대 중반 최고령자 박씨 였다.

9월 1일 첫 작업 날과 그 한 주간에 컨베어벨트 위로 들이닥치는 택배를 어떻게 분류해 쌓아 두었는지 지금 와서 생각만 해도…초반에 몇몇 실수와 시행착오를 겪어가다 보니 한 달 정도 지나 선 나름 손에 익숙하게 되었다. 우리 라인 쪽에 5명, 건너편 라인에 5명이 주 5일간 아침 시간에 작업을 하는 데 동 단위나 아파트 단지 단위로 각자 분류한 것을 쌓아놓으면 택배 차량이 이쪽 라인 5대, 건너편 라인 5대가 이른 오전에 와서 싣고 나간다. 그리고 정오 무렵 한 번 정도 더 와서 이를 싣고 나가 기사의 담당 구역에서 배달을 하는 것이다.

연안부두 근처 택배 분류장에서 아침 시간에 일 나온 지 한 달 반. 어제 화요일은 대형 화물차 21대에 이르는 전체 물량으로 인해 4시간 근무를 했다. 오늘은 총 13대로 비교적 용이하게 일찍 마쳐질 거라 예상했다. 10시에 후속 근무조 반장(71세)과 7박 영감(76세)이 왔다. 영감이 오자마자 내게 택배차가 이른 오전에 1차 수거해 간 자리에 내가 새로이 택배물을 쌓아놓은 것 보고선 바닥 선을 지켜 쌓아야 한다며
다시 쌓으라고 했다. 그 선이라는 게 박 영감 기준선과 내 선 차

이가 15센티 정도였을까. 내가 오늘 물량도 많지 않고 하니 이대로 쌓자고 했더니, 버럭 소리를 지르며 명령을 하면 옮기면 되지하며 얼굴을 붉혀와서 아니 난 내 의견을 말한 건데 왜 언성을 높이냐고 나 역시 고성으로 물러서지 않았다. 박 영감은 출근 첫날부터 내게 반말을 거리낌 없이 날리고선 계속 해 대고 있기에 꾹 참아오다 나도 칠순이 넘은 나이, 싸라기 밥을 먹었나하고 반말로 쏘아붙였다.

옆에 선 반장에게 10시니 마치고 가도 되겠냐고(2시간 근무만) 하니 근무 시간을 본인이 정하면 어떻게 하느냐?에 난 무응답. 싸워서 그러느냐에 또 무응답. 보는 데서 장갑 벗고 배낭 정리하니 반장이 선수를 치며 일찍 가라고 했다. 별 늙은 또라이하고 이런 작업을 아침마다 같이 해야 하나 회의가 밀려들었다.

이후로 박 영감과 몇 번 더 부딪치고 급기야 11월 중엔 반장하고 부딪쳤다. 반장이 분류 중 과한 말을 하기에 내가 반박 의견을 내었을 뿐인데 손에 든 작은 택배 상자를 바닥에 팽개치면서 욕설까지 내뱉었다. 그 자리에서 가방 챙겨 집으로 와 그만 두려다가 센터의 후배 사무장이 내게 일자리 주선하면서 "형, 근무 얼마 지나지 않아 그만두면 내 입장이 곤란하다."는 말이 떠올려져 꾸욱 눌러 참았다. 반장은 이일을 6년간, 박 영감도 근 4년 넘게 해왔다는 걸 알고선 대단한 노인네들이라고 생각했다. 내 라인에서 함께 근무하는 4명은 학교 시절에도 교과서마저 안 보았을 거 같고 사회인이 된 후에도 책 한 권 제대로 읽지 않았을 거라고 생각했다. 거의 평생을 몸으로 하는 일에 종사하다가 나이 들어 다시금 이 자리에 왔으리라 보았다. 그들이 분류장에서 하는 말투와 상대를 대하는 태도 등을 보면 알 거 같았다.

12월 초 센터에서 각 지역 택배 분류장에서 일하는 노인들 근 40명을 모아놓고 오후 시간대에 하반기 교육을 하였다, 후배 사무장이 교육 말미에 말하길 25년도 정부 예산 삭감으로 자신이 속한 센터에 보조금 전액이 삭감되어 신년 1월부터 문을 닫게 되었고, 자신도 더 이상은 근무를 못하게 되었다고 했다. 그리고 이 자리에 계신 분들은 택배회사와 분류작업을 내년에 지속할 수 있는지 아닌지 직접 의논하라고도 했다. 12월 하순에 센터 사무장이 내게 전화 오길 택배 분류 현장에서 노인 인력을 줄인다고 해서 바로 그만 한다고 했다. 12월 들어서고부터 금년 말까지만 일하고 종 치자로 정했기 때문이었다.

그런 와중에 내가 거주하는 구청 산하 노인인력개발센터에서 2025년도 공공기관에서 1년간 시간제 근무할 노인을 선발한다는 공고를 접하고, 센터를 방문해 서류를 작성하여 신청 접수를 하니 바로 그 자리에서 면접을 보게 되었다. 신청한 분야는 구청 내 도서관에서 행정업무 보조와 지원, 즉 도서관에서 반납된 도서 또 대출해 가는 도서를 찾아서 주민에게 전하는 일 주 주 업무이다, 근 20분에 걸친 담당 직원과 면접을 본 후 집에 와 기다리니 12월 말경에 선발되었다고 센터로부터 문자를 받았다. 1월 중순 한 날 센터에서 사전 교육이 있을 거라고도 했다.

이렇게 새해부터 시간제 일을 하면서 협동조합 운영, 업무 병행과 매달 얼마간의 운영비 지원도 가능하기에 금상첨화. 또 재벌기업 택배회사에서 강도 높은 분류 작업에 시급 9,900원에 몸 바치는 것보다는 더 의미 있고 적성에도 맞고, 또 도서관에서 내가 읽어보려는 책을 수시로 대출할 수 있다는 거에 '해피'한 2025년 한 해가 되리라 본다.

연말을 보내며 못내 마음에 남는 것이 무안공항에서 일어난 대형 항공 사고였다. 탑승객 181명 중 단 2명만 구조되어 생존하고선 나머지 179명이 사망한 일어나서는 안 되는 큰 사고였다.
이번 참사로 고인이 되신 분들의 명복을 진심으로 빌면서 유가족분들에게도 위로의 말씀을 드린다. 부디 좌절하고 슬픔에만 잠기지 마시고 용기를 내어 다시금 일어나 굳건히 살아가시기를 바라는 마음 간절하다.

이것저것
내 맘대로 쓴 글

초판1쇄 / 2025년 2월 28일
발 행 인 / 강태욱
발 행 처 / 평화누리협동조합
　　　　　주소 인천 부평구 부흥로 304번길 27
　　　　　전화 032-751-5466 팩스 032-866-7044
　　　　　이메일 jamgang@naver.com
　　　　　홈페이지 www.peacenuri.kr
지 은 이 / 강태욱

ISBN 979-11-991595-0-1 (03810)

ⓒ 강태욱, 2025

※ 잘못된 책은 바꾸어 드립니다.
※ 이 책의 일부 또는 전부를 재사용하려면 반드시 저작권자와 출판사 양측의 동의를 받아야 합니다.